W0060355

Friedrich Schmidtke
Gesunde Pflanzen durch
Jauche und Brühen

Friedrich Schmidtke

# Gesunde Pflanzen durch Jauche und Brühen

## Gärtnern ohne Gift

Franckh-Kosmos

# Impressum

Fachliche Beratung: Brunhilde Bross-Burkhardt, Stuttgart
Mit 21 Farbfotos von: BASF AG, Landwirtschaftliche Versuchsanstalt, Limburgerhof: 55 (alle), 56 (alle); Kytta-Werk Sauter GmbH, Alpirsbach/Schwarzwald: 18; Reinhard–Tierfoto, Heiligkreuzsteinach-Eiterbach: 17 u., 35 o. l., 35 o. r., 35 u. l., 35 u. r., 36 o. l., 36 o. r., 37 o. r., 38 o. r.; Friedrich Strauss, Au i. d. Hallertau: 17 o., 36 u., 37. o. l, 37 u., 38 o. l., 38 u.

Mit 36 Zeichnungen von: Karin Aichele, Ostfildern: 7, 23, 25, 26, 41, 43, 52, 65; Marianne Golte-Bechtle, Stuttgart: 9, 20; Gabriele Goßner, Gauting: 47, 48, 51, 57, 60, 64, 67; Gabriele Hampel, Kelkheim: 32, 40; Archiv: 49, 54, 58, 66

Folgende Zeichnungen sind den Büchern entnommen: Carmen Rohrbach: Unser Vogelhäuschen. Franckh'sche Verlagshandlung, 1989: 40; Dr. Paul Seitz: Das Kompostbuch für jedermann. Franckh'sche Verlagshandlung, 1989: 32; Max Heimann: Naturgemäßer Pflanzenschutz im Nutzgarten. Franckh'sche Verlagshandlung, 1982: 47, 48, 49, 51, 54, 57, 58, 60, 64, 66, 67.

Vignetten von: Marianne Golte-Bechtle, Stuttgart

Umschlaggestaltung von Ulrich Kolb, Leutenbach, unter Verwendung von zwei Dias von Friedrich Strauss, Au. i. d. Hallertau (Vorderseite) und Kytta-Werk Sauter GmbH, Alpirsbach/Schwarzwald (Rückseite)

CIP-Titelaufnahme
der Deutschen Bibliothek

**Schmidtke, Friedrich:**
Gesunde Pflanzen durch Jauche und Brühen / Gärtnern ohne Gift / Friedrich Schmidtke. – Stuttgart : Franckh-Kosmos, 1990
    ISBN 3-440-06082-9

© 1990, Franckh-Kosmos Verlags-GmbH & Co./Stuttgart
Alle Rechte vorbehalten
L 14 rr/ISBN 3-440-06082-9
Printed in Germany/Imprimé en Allemagne
Satz: G. Müller, Heilbronn
Herstellung: Huber KG, Dießen

# Inhalt

# Hausgemachter Pflanzenschutz

### Pflanzenjauchen

Jauchen sind flüssige Dünger und Pflanzenstärkungsmittel, die man aus Regenwasser und Pflanzen herstellt. Sie werden kalt angesetzt, am besten in Plastikkübeln. Tägliches Rühren ist wichtig. Nach fünf bis sieben Tagen, je nach Außentemperatur, kommt die Jauche zur Gärung und sollte wegen der Geruchsbelästigung z. B. mit Brettern abgedeckt werden. Außerdem können dann keine Tiere hineinfallen. Die unangenehmen Gerüche kann man in Grenzen halten, wenn in den ersten Tagen immer eine Handvoll Steinmehl mit eingerührt wird.

Bei Beginn der Gärung (das erkennt man daran, daß die ersten Bläschen aufsteigen), dem fünften bis siebten Tag, kann die Jauche über das Laub gegossen werden. Danach nicht mehr! Also wichtig: Nur an dem Tag verwenden, wenn die ersten Bläschen hochsteigen. Nach vier bis sechs Wochen – je nach Temperatur – ist die Gärung abgeschlossen, dann kann man die Jauche unverdünnt auf den Boden gießen oder verdünnt (Verdünnung siehe Tabellen ab Seite 10) auch über das Blatt. Man erkennt das Ende der Gärung daran, daß gerade noch ein paar große Blasen auf der Jauche stehenbleiben. Gegossen wird zur Düngung mit Rohr oder Brause

etwa 2 l auf einen Quadratmeter – für Jauchen eignen sich die Mittel und Pflanzen, die ab S. 10 aufgeführt werden.

### Pflanzenbrühen

Zur Brühenherstellung werden die frischen oder getrockneten Kräuter 24 Stunden eingeweicht, dann bringt man alles zum Kochen und spritzt oder gießt nach dem Abkühlen meist in einer Verdünnung 1:4 (genaue Verdünnung siehe Tabellen ab Seite 10).

### Pflanzentees

Fast alle Kräuter, die für die Jauchenherstellung benutzt werden, kann man auch für eine Teezubereitung (schnelle Anwendung) nehmen. Die Kräuter werden 24 Stunden in heißem Wasser eingeweicht und in der Regel unverdünnt gespritzt oder gegossen (siehe Tabelle ab Seite 10). Das ist die schnellste Möglichkeit, den Pflanzen zu helfen.

### Werkzeuge, Gefäße und Standort

Viele Gartenliebhaber denken sicher, daß die Herstellung von Jauchen, Brü-

**1**

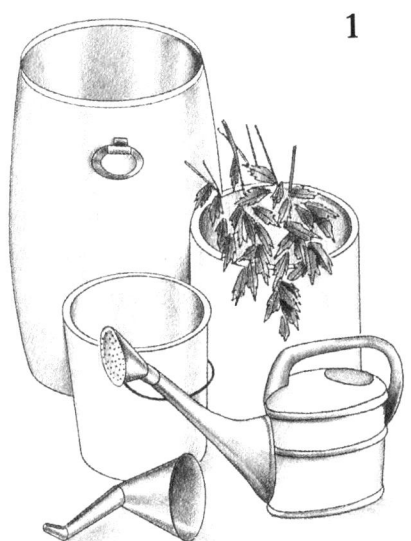

**2**

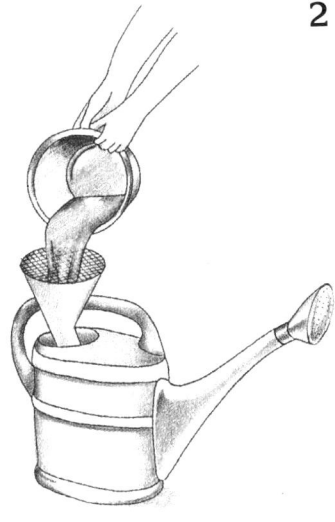

**3**

Hausgemachter Pflanzenschutz
1. Um Brühen, Jauchen oder Tees herzustellen, braucht man nur einige Plastikeimer bzw. -fässer, eine Plastikgießkanne und ein Sieb. Ein Trichter ist hilfreich, aber nicht unbedingt nötig.
2. Ist Jauche, Brühe oder Tee gebrauchsfertig, gießt man alles durch ein Sieb hindurch direkt in die Plastikgießkanne. Mit einem Trichter geht das leichter.
3. Die Pflanze kann jetzt behandelt werden.

hen und Tees mit viel Arbeit verbunden ist und der Garten mit Fässern und Eimern vollstehen würde. Was man aber wirklich braucht, sind zwei oder drei Plastikeimer (kein PVC!), eine Plastikgießkanne und ein Sieb. Meist wird weder Spritze noch Sprühgerät benötigt (Ausnahmen siehe Tabellen ab Seite 10).

Ein Eimer aus Metall eignet sich nicht. Er würde beim Ansetzen der Kräuter sehr schnell oxydieren und dadurch die Wirkung der Anwendungen erheblich beeinträchtigen!

Es werden auf gar keinen Fall Gefäße verwendet, die hinterher wieder in der Küche bzw. Haushalt oder zur Fütterung von Tieren gebraucht werden.

Die Jauchen, Brühen und Tees werden durch das Sieb in die Kanne gegossen und damit ausgebracht. Einen Platz zum Aufstellen der Ansätze gibt es in jedem Garten beim Kompostplatz. Zum Schutz vor vielen Niederschlägen deckt man die Eimer mit einer Wellbitumenplatte ab, die mit einem Stein windsicher beschwert wird. Mit dieser Abdeckung haben die Ansätze auch immer genügend Verbindung zur Außenluft.

## Wichtige Zusatzinformationen zum Gebrauch von Jauchen, Brühen und Tees

### Überdosierungen

Überdosierungen habe ich in meiner langjährigen Praxis nie kennengelernt. Mit Jauchen und Brühen soll man nicht übermäßig umgehen, sondern nur dünn überspritzen. Eine Gärtnerkanne, 4–5 l, mit Haarbrause oder eine kleine Plastikkanne mit dünnem Brausenstrahl ist hierfür bestens geeignet.

### Schutz durch Handschuhe

Ich verwende keine Handschuhe. Das Tragen ist jedoch bei der Handhabung von Brennessel zu empfehlen, und außerdem dann, wenn der Geruch stört. Empfindliche Menschen sollten Handschuhe benutzen. Allergien bei den Anwendungen sind mir nicht bekannt.

### Wartezeit

Ich warte, je nach Wetter, 8 bis 14 Tage bis zur Ernte nach der letzten Anwendung mit Pflanzenjauchen, -brühen und -tees. Dann ist der Geruch verflogen.

### Gemüse waschen

Ich wasche mein Gemüse, das ich mit Brühen, Jauchen oder Tees behandelt habe, nicht stärker als Nutzpflanzen, die unbehandelt sind. Ich habe hier keine negativen Erfahrungen gemacht. Aber gut waschen muß man auf jeden Fall.

### Verwendungsdauer

Jauchen sind nach Abschluß der Gärung relativ stabil. Im Herbst angesetzte Brennesseljauche kann abgedeckt in einem kühlen Raum stehenbleiben und steht im Frühjahr gleich zur Verfügung. Allerdings geht Stickstoff verloren. Brühen und Tees sollten stets frisch zubereitet werden.

### *Anwendung –*
### *wann und in welchem Abstand*

Mehr als die Verwendung chemischer Pflanzenschutzmittel verlangen hausgemachte Brühen, Jauchen und Tees viel Fingerspitzengefühl bei der Anwendung. Man kann keinen festgesetzten »Spritz«-Plan aufzeichnen.
Das nötige Fingerspitzengefühl erwirbt man sich in jahrelanger Anwendung und guter Beobachtung. Natürlich kann man nicht erwarten, daß völlig verlauste Gewächse nach dem einmaligen Spritzen mit einer Pflanzenjauche oder einer Brühe sofort wieder schädlingsfrei sind. Vielmehr muß man mit einer Behandlung schon früher beginnen. In einem naturgemäß bewirtschafteten Hausgarten wird es sowieso nicht zu übermäßigem Krankheitsbefall kommen. Mischkultur, Nützlinge und ein guter Boden schaffen ein natürliches Gleichgewicht.

### *Hände waschen*

Auf alle Fälle muß man sich nach jeder Zubereitung und nach allen Anwendungen gut die Hände waschen.

### *Bohnen und Zwiebeln*

Bohnen und Zwiebeln werden nur über den Boden behandelt, nie übers Blatt.

Oben: Schwarzer Holunder, *Sambucus nigra,* links: Echte Kamille, *Chamomilla recutita,* Mitte: Gemeiner Beinwell, *Symphytum officinale,* rechts: Arznei-Baldrian, *Valeriana officinalis*

9

# Rezepte

| Deutscher Name / Botanischer Name | Zubereitungsform | Rezept (siehe dazu S. 6) | Verdünnung | Anwendungszeitpunkt | wie | Anwendungsort | Verwendung/Wirkung |
|---|---|---|---|---|---|---|---|
| Ackerschachtelhalm / *Equisetum arvense* (siehe S. 36) | Jauche | 1 kg frisches oder 150 g trockenes Kraut in 10 l Wasser kurz anbrühen, dann stehenlassen | 1:4 | Vegetationsperiode (an sonnigen Tagen vormittags) | Vorbeugend, bei Befall | Blatt | Gegen Echten Mehltau, Bodenpilzkrankheiten und Blattfleckenkrankheit bei Tomaten |
| | | | | | | Boden | Gegen Bodenpilze |
| | Brühe | 1 kg frisches oder 150 g trockenes Kraut in 10 l Wasser | 1:4 | Vegetationsperiode (an sonnigen Tagen vormittags) | Vorbeugend, bei Befall | Blatt | Gegen Echten und Falschen Mehltau, Rost, Schorf, Kräuselkrankheit am Pfirsich und Monilia (Spitzendürre) |
| | Tee | 1 kg frisches oder 150 g trockenes Kraut in 10 l Wasser | Unverdünnt | Vegetationsperiode (an sonnigen Tagen vormittags) | Vorbeugend, bei Befall | Blatt | Pflanzenstärkung, gegen Pilzerkrankungen |
| Adlerfarn / *Pteridium aquilinum* (siehe S. 35) | Jauche | 1 kg frisches Kraut (oder 100 g trockenes) in 10 l Wasser | 1:10 | Frühling | Vorbeugend, bei Befall | Blatt | Gegen Blattläuse |
| | | | | Vegetationsperiode | Vorbeugend, bei Befall | Ganze Pflanze, Boden | Gegen Schnecken |
| | | | | Wenn Haufen aufgeschichtet | Einmal über Haufen gießen | Komposthaufen | Kompoststarter |
| | Brühe | 1 kg frisches Kraut in 10 l Wasser | 1:10 | Vegetationsperiode | Vorbeugend, bei Befall | Rinde | Gegen Blutläuse |
| (Arznei-)Baldrian / *Valeriana officinalis* (siehe S. 38) | Extrakt/Auszug | Saft aus Blütenstand mit Haushaltspresse auspressen; 1 Tropfen auf 1 l kaltes Wasser – einige Minuten rühren oder schütteln | Unverdünnt | Frühling | Einmal | Obstbäume, Beerenobst, auch Zierpflanzen | Bei Frostgefahr mit kleiner Baumspritze dünn über blühende Bäume und Sträucher spritzen |
| | | | | Frühling, Sommer (Juni bis August) | Zweimal im Abstand von 7 Tagen | Obstbäume. Beerenobst, auch Zierpflanzen | Fördert bei Stauden und Gehölzen Blütenbildung fürs nächste Jahr, bei einjährigen Blumen im Jahr der Ausbringung |

Beinwell siehe Gemeiner Beinwell

| Pflanze | Zubereitung | Rezept | Verdünnung | Zeitpunkt | Anwendung | Pflanzenteil | Wirkung |
|---|---|---|---|---|---|---|---|
| Brennessel (Große und Kleine) Urtica dioica / Urtica urens (siehe S. 20) | Jauche (nicht an Kohlgewächse gießen, da der Geruch der Jauche Kohlweißlinge anlockt) | 1 kg frisches oder 200 g trockenes, nicht blühendes Kraut in 10 l Wasser ansetzen (2 –) 6 Wochen (je nach Temperatur kann die Jauche schon nach 10 Tagen bis 3 Woch. fertig sein) | 1:10 | Vegetationsperiode | – | Boden | Wachstumsförderung, Bodenbelebung, Düngung bei Eisenmangel |
| | | | 1:20 | Vegetationsperiode | Vorbeugend, bei Befall | Blatt | Gegen fressende und saugende Schädlinge |
| | | | Unverdünnt | Wenn Haufen aufgeschichtet | Einmal über Haufen gießen | Komposthaufen | Kompoststarter |
| | Brühe | 1 kg frisches oder 200 g trockenes, nicht blühendes Kraut in 10 l Wasser | 1:4 | Vegetationsperiode | Vorbeugend, bei Befall | Blatt | Pflanzenstärkung, gegen Blattläuse (unbedingt auch Blattunterseiten behandeln) |
| | Tee | 1 kg frisches, nicht blühendes Kraut in 10 l Wasser | Unverdünnt | Vegetationsperiode | Vorbeugend, bei Befall | Blatt | Gegen Blattläuse und Spinnmilben (unbedingt auch Blattunterseiten behandeln) |
| | Tee | 200 g trockenes, nicht blühendes Kraut in 10 l Wasser | Unverdünnt | Winter | Vorbeugend, bei Befall | Blatt | Gegen Blattläuse, zur Pflanzenstärkung |
| | 24-Stunden-Auszug | 1 kg frisches, nicht blühendes Kraut auf 10 l Wasser, nach 24 Stunden fertig | Unverdünnt | Vegetationsperiode | Bei Befall einmal an drei aufeinanderfolgenden Tagen | Blatt | Gegen Blattläuse (vertreibt die Schädlinge) |

Dost siehe Echter Dost

| Pflanze | Zubereitung | Rezept | Verdünnung | Zeitpunkt | Anwendung | Pflanzenteil | Wirkung |
|---|---|---|---|---|---|---|---|
| Echte Kamille Chamomilla recutita (= Matricaria chamomilla) (siehe S. 36) | Brühe | 50 g Blüten (frisch) oder 100 g blühendes Kraut (frisch) in 10 l heißem Wasser 4 Tage ansetzen | Unverdünnt | Vegetationsperiode | Vorbeugend | Ganze Pflanze | Pflanzenstärkung, Immunstimulanz (wie beim Menschen) |
| | Tee | wie oben beschrieben, jedoch sofort nach Abkühlung anwenden | Unverdünnt | Vegetationsperiode | Vorbeugend | Ganze Pflanze | Wie oben beschrieben, auch bei Zimmerpflanzen |

| Deutscher Name Botanischer Name | Zubereitungsform | Rezept (siehe dazu S. 6) | Verdünnung | Anwendungszeitpunkt | wie | Anwendungsort | Verwendung/Wirkung |
|---|---|---|---|---|---|---|---|
| Echter Dost Origanum vulgare | Tee | 1 kg frisches Kraut in 10 l Wasser | 1:3 | April bis Juni | Bei Befall | Kolonien an den Pflanzen | Gegen Schildläuse, nach dem Aufkratzen (mit einer scharfen Bürste) der Kolonien aufsprühen (Zimmer: Handspritze, sonst Baumspritze) |
| Gemeiner Beinwell Symphytum officinale (siehe S. 9) (auch mit anderen Beinwellarten möglich: Symphytum peregrinum, Symphytum asperum) | Jauche | 1 kg frisches Kraut in 10 l Wasser | 1:10 | Vegetationsperiode | Vorbeugend, bei Befall | Blatt | Gegen Blattläuse |
| | | | | Frühling, Sommer | Einige Male bei Bedarf | Boden, auch zum Kompost | Zur Düngung (enthält relativ viel Kalium) |
| | Brühe | 1 kg frisches Kraut in 10 l Wasser | 1:4 | Vegetationsperiode | Vorbeugend, bei Befall | Blatt | Gegen Blattläuse, bei Kaliummangel |
| | Tee | 1 kg frisches Kraut in 10 l Wasser | 1:4 | Vegetationsperiode | Bei Bedarf | Blatt, Boden | Bei Kaliummangel |
| Gemeiner Wurmfarn Dryopteris filix-mas (siehe S. 35) | Jauche | 1 kg frisches oder 100 g trockenes Kraut in 10 l Wasser | 1:2 | Zeitiger Frühling | Vorbeugend, bei Befall | Ganze Pflanze | Gegen Schildläuse und Blutläuse |
| Gewöhnliche Schafgarbe Achillea millefolium (siehe S. 36) | Tee | 1 kg frisches, blühendes oder 100 g trockenes Kraut in 10 l Wasser | 1:10 | Frühsommer | Vorbeugend, bei Befall | Ganze Pflanze | Gegen Echten Mehltau, Monilia und Kräuselkrankheit beim Pfirsich |
| Kapuzinerkresse Tropaeolum majus | Preßsaft | Saft aus ganzer Pflanze (mit Blüten) pressen (z.B. mit Entsafter) | Unverdünnt | (Frühling) Sommer | Bei Befall | Rinde | Gegen Blutläuse, die Kolonien werden kräftig eingepinselt; vorbeugende Verwendung von Kapuzinerkresse siehe S. 49 |
| Knoblauch Allium sativum (Ebenso wird das Laub von Bärlauch, Allium ursinum, verwendet; Mengenangaben gelten in diesem Fall fürs Kraut) | Jauche | 100 g zerdrückte Zehen in 10 l Wasser | 1:10 | Frühling, Sommer | Vorbeugend, bei Befall | Ganze Pflanze, Boden | Gegen alle Pilzkrankheiten |
| | Tee | 50 g zerdrückte Zehen in 10 l Wasser | Unverdünnt | Frühling, Sommer | Vorbeugend, bei Befall | Ganze Pflanze, Boden | Gegen alle Pilzkrankheiten, Möhrenfliege und Spinnmilben |

| | | | | | | | |
|---|---|---|---|---|---|---|---|
| Löwenzahn *Taraxacum officinale* (siehe S. 35) | Jauche | 1 kg frische oberirdische Pflanzenteile (auch mit Blüten) mit Wurzeln in 10 l Wasser | Unverdünnt | Vegetationsperiode | – | Boden | Wachstumsförderung, milde Düngung |
| | Brühe | 1 kg frische, möglichst blühende oberirdische Teile mit Wurzeln in 10 l Wasser | Unverdünnt | Frühling | – | Boden | Düngung, schon beim Angießen gleich nach der Pflanzung verwenden |
| Majoran *Origanum majorana* | Tee | 1 kg frisches Kraut in 10 l warmes Wasser | 1:3 | Bei Bedarf | Bei Bedarf | Boden | Ameisenstraßen und Ameisennester |
| Meerrettich *Armoracia rusticana* | Jauche | 500 g frische oder 100 g getrocknete Blätter in 10 heißes Wasser | Unverdünnt | Frühling | Vorbeugend | In die Blüte | Verhindert Monilia (Spitzendürre), vor allem bei Sauerkirschen; bei Befall hilft die Jauche nicht mehr |
| | Tee | 300 g frische oder trockene Blätter in 10 l heißes Wasser | Unverdünnt | März bis April | Vorbeugend | Ganze Pflanze beim Austrieb | Verhindert Monilia |
| Rainfarn *Chrysanthemum vulgare* (*Tanacetum vulgare*) (siehe S. 37) | Tee | 300 g frisches, auch blühendes oder 100 g trockenes Kraut in 10 l Wasser | 1:2 | Nach dem Anwachsen | Vorbeugend, bei Befall | Ganze Pflanze, Boden | Gegen Zwiebelfliege, Lauchmotte, Blattläuse, Gespinstmotte, Rostkrankheiten, Wurzelläuse, Kohlweißling und Apfelwickler |
| (Speise-)Rhabarber *Rheum rhabarbarum* (siehe S. 38) | Tee | 500 g frische Blätter in 10 l Wasser | Unverdünnt | Beim Durchtrieb von Sämlingen und Setzlingen | Vorbeugend, bei Befall | Ganze Pflanze | Gegen Zwiebelfliege und Lauchmotte |
| (Echter, Garten-) Salbei *Salvia officinalis* (siehe S. 37) | Tee | 100 g Blätter in 10 l Wasser | 1:3 | Juni bis Juli | Vorbeugend, bei Befall | Ganze Pflanze, Boden | Gegen Erdraupen, eventuell Jungpflanzen mit Tee angießen |
| Schwarzer Holunder *Sambucus nigra* (siehe S. 35) | Kaltansatz 1 Tag | 1 kg frische Blätter und Blüten in 10 l Wasser | 1:5 | Nach dem Anwachsen | Vorbeugend | Ganze Pflanze, Boden | Gegen Erdraupen und Kohlweißling |
| Thymian *Thymus vulgaris* und Quendel *Thymus serpyllum* | Tee | 1 kg frisches, auch blühendes Kraut in 10 l Wasser | 1:3 | Vegetationszeit | Vorbeugend, bei Befall | Ganze Pflanze, Boden | Gegen Erdraupen und Ameisen |

| Deutscher Name Botanischer Name | Zubereitungsform | Rezept (siehe dazu S. 6) | Verdünnung | Anwendungszeitpunkt | wie | Anwendungsort | Verwendung/Wirkung |
|---|---|---|---|---|---|---|---|
| Tomate Lycopersicon lycopersicum | Tee | 100 g frische Blätter in 3 l kaltes Wasser | 1:2 | Juni bis Juli (während der Flugzeit) | Bei Befall | Ganze Pflanze | Gegen Kartoffelkäfer und Kohlweißling |
| Ysop Hyssopus officinalis | Tee | 1 kg frisches Kraut in 10 l Wasser | 1:3 | Juni bis Juli | Vorbeugend, bei Befall | Ganze Pflanze | Gegen Erdraupen |
| Wermut Artemisia absinthium (siehe S. 38) | Jauche | 300 g frisches, auch blühendes Kraut in 10 l Wasser | Unverdünnt | Frühling | Vorbeugend, bei Befall | Ganze Pflanze (Ameisenstraßen) | Gegen Blattläuse, Ameisen und Raupen (z. B. Kohlweißlinge) |
| | Brühe | Wie oben beschrieben | Unverdünnt | Frühling bis Kultur schließt | Vorbeugend, bei Befall | Ganze Pflanze | Gegen Erdflöhe und Brombeermilbe |
| (Speise-)Zwiebel Allium cepa | Brühe | 50 bis 100 g braune Zwiebelschalen mit 10 l heißem Wasser übergießen | Unverdünnt | Bei Befall (5 Tage nach Ansatz) | Einmal bei Befall | Ganze Pflanze | Gegen Pilzkrankheiten, Braunfäule an Tomaten, Blattläuse und Milben |
| | Tee | Wie oben beschrieben | Unverdünnt | Vorbeugend und bei Befall 5 Tage nach Ansatz | Vorbeugend, bei Befall | Ganze Pflanze, Strauch | Gegen Echten Mehltau, Stachelbeermehltau, Rosenrost, Braunfäule an Tomaten, im Mai/Juni gegen Möhrenfliege |

# Andere Mittel

| Mittel | Form | Rezept | Verdünnung | Anwendungszeit-punkt | Anwendungs-dauer | Anwendungs-ort | Verwendung/Wirkung |
|---|---|---|---|---|---|---|---|
| Kaltes Wasser | Wasser | Wasser wird in der Gefriertruhe bis fast an den Gefrierpunkt gebracht. Die gleiche Wirkung bringt auch das Hinausstellen in sehr kalten Regen für ein bis zwei Stunden | – | Bei Befall | Zweimal an einem Tag | Zierpflanzen (vor allem auch Blatt-unterseiten einspritzen) | Gegen Blattläuse und Spinnmilben |
| Eierschalenwasser | Wasser | 10 l heißes Wasser über 20 Eier-schalen gießen; gebrauchsfähig 5–10 Tage nach Ansatz | 1:5 | Sommer | Alle 2 Wochen | Blumenkisten mit Pelargo-nien (Gera-nien) | Verbessert den Blüten-ansatz (siehe S. 44) |
| Kali-Schmierseife | Brühe | (zunächst in heißem Wasser auflösen) 300 g in 10 l Wasser (3%ig), als Haft-mittel einen Schuß Brennspiritus | Unverdünnt | Frühling, Herbst | Siehe Verwen-dung/Wirkung | Gehölze, Zier-pflanzen | Gegen Schildläuse: ein- bis zweimal an-sprühen, antrocknen lassen, die Kolonien aufkratzen (z. B. mit Baumkratzer) und dann nochmals ansprühen oder einpinseln |

Kompostjauche siehe Seite 24

| Mittel | Form | Rezept | Verdünnung | Anwendungszeit-punkt | Anwendungs-dauer | Anwendungs-ort | Verwendung/Wirkung |
|---|---|---|---|---|---|---|---|
| Lehmanstrich | Dickflüssige Lehmbrühe | Wasser mit krüme-ligem Lehm andicken | – | Bald nach dem Schnitt | Einmal nach dem Schnitt | Baumwunden und Schnitt-stellen von Obst- und Ziergehölzen | Schnittwunden verhei-len besser (mit Pinsel oder großem Maurer-pinsel auftragen) |

(Fortsetzung S. 16)

| Mittel | Form | Rezept | Verdünnung | Anwendungszeitpunkt | Anwendungsdauer | Anwendungsort | Verwendung/Wirkung |
|---|---|---|---|---|---|---|---|
| Weißkalkanstrich mit Lehmzusatz (Lehmzusatz sorgt dafür, daß der Kalk nicht so leicht abgeregnet wird. Lehm: im Frühjahr nach Frostgare in Lehmgruben sammeln. Kalk: Kalkhydrat vom Baustoffhandel, auch kohlensaurer Kalk oder Algenkalk aus Gartenfach- oder Landhandel.) | Dickflüssige Kalkbrühe | Mit Wasser streichfähig verdünnen | – | Oktober/November (evtl. im Januar/Februar erneuern) | – | Obstgehölze (Stamm und dicke Äste so weit man reichen kann.) | Mit dem Anstrich der Baumrinde wird verhindert, daß bei starkem Frost und kräftigem Sonnenschein die Rinde auftaucht und sich vom Stamm löst. Der Kalk unterbindet dazu noch das Moos- und Flechtenwachstum auf der Rinde. |
| Basaltmehl, Gesteinsmehl | Spritzbrühe | 300 g feines Steinmehl auf 10 l Wasser | – | Bei Befall, nicht bei Sonneneinstrahlung, vielmehr spätnachmittags oder abends ausbringen. | – | Jungpflanzen, Zierpflanzen (ganze Pflanze, unbedingt Blattunterseiten einspritzen!) | Gegen alle fressenden und saugenden Insekten; die Pflanzen werden überspritzt oder übergossen |
| Basaltmehl | Pulver | Bis 10 kg auf 100 m² ausstreuen; aus Eimer oder Schubkarre mit Schaufel verteilen | – | Januar bis Februar | Einmal im Jahr | Gemüsebeete, Blumenbeete, Rasen | Gegen Schnecken; zur Düngung und Bodenverbesserung, Versorgung mit Haupt- und Spurennährelementen, außer mit Stickstoff und Schwefel |

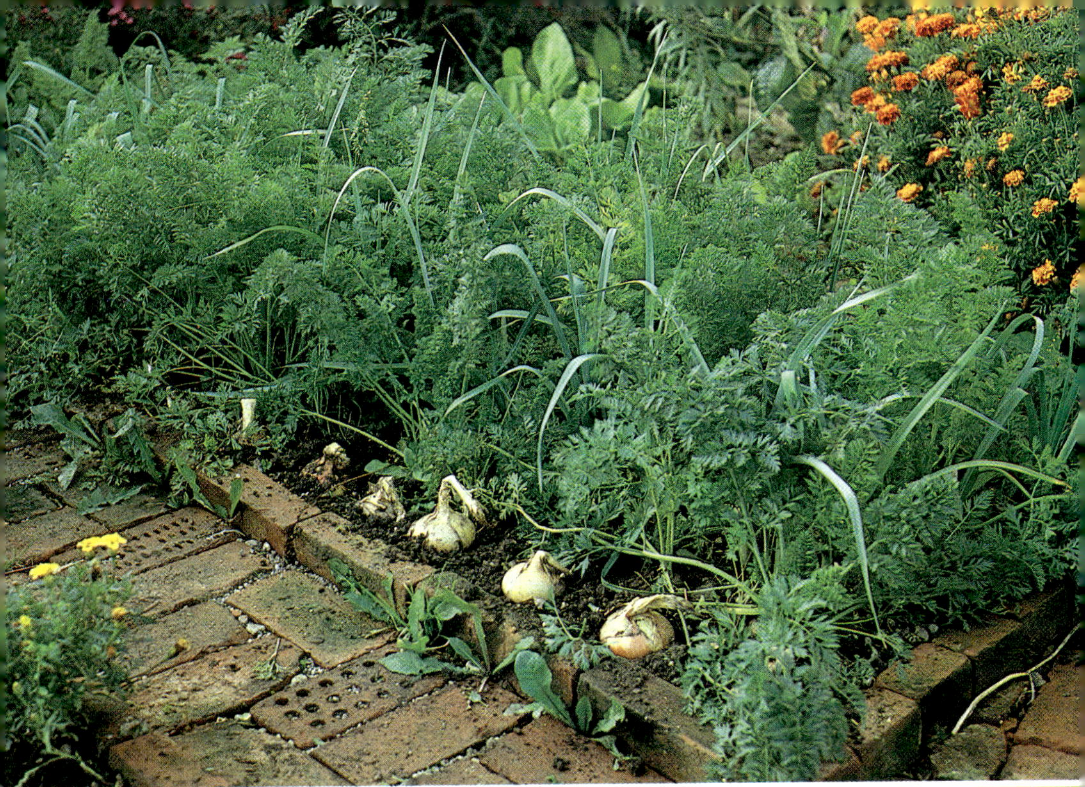
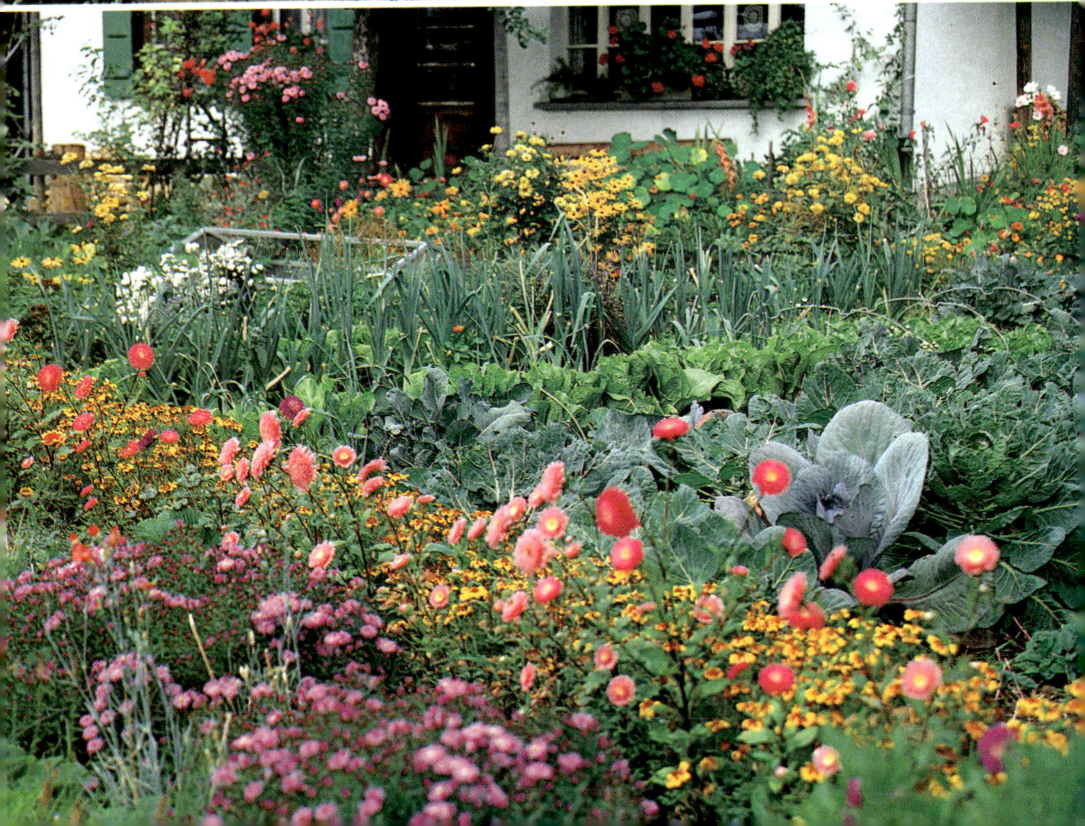

# Pflanzenstärkung mit Jauchen, Brühen und Tees

Wie in den Tabellen auf Seite 10 beschrieben wird, können Auszüge aus Pflanzen vorbeugend gegen Schädlinge und Krankheiten eingesetzt werden. D. h., man stärkt die Pflanzen. Folgende Pflanzen sind bestens geeignet:
● Quecke (*Agropyron repens*),
● Ackerschachtelhalm (*Equisetum arvense*),
● Echte Kamille (*Chamomilla recutita*) und
● Große und Kleine Brennessel (*Urtica dioica, Urtica urens*).

## Quecke

Tee: 1 kg frische Wurzeln werden in 3 l Wasser aufgekocht und auf 10 l Wasser

verlängert. Nach dem Abkühlen und Absieben wird ausgebracht.
Brühe: 1 kg frische Wurzeln weicht man 24 Stunden in 3 l Wasser ein, kocht dann auf und verlängert auf 10 l Wasser.

Für eine optimale Pflanzenstärkung gießt man Brühe oder Tee zweimal im Abstand von zehn Tagen mit feiner Brause über Pflanze und Boden.

## Ackerschachtelhalm

Tee: Man kocht 1 kg frisches Kraut in 3 l Wasser auf und verlängert auf 10 l Wasser. Nach der Abkühlung kann abgesiebt und ausgebracht werden.
Brühe: 1 kg frisches Kraut weicht man 24 Std. in 3 l Wasser ein, kocht dann auf und verdünnt auf 10 l Wasser.

Zur Pflanzenstärkung werden Tee und Brühe zweimal im Abstand von zehn Tagen mit feiner Brause über Pflanze und Boden gegeben.

## Echte Kamille

Tee: 50 g frische Blüten oder 100 g blühendes, frisches Kraut werden in 10 l heißes Wasser gegeben. Nach dem Ab-

S. 17:
Oben: Eine günstige Kombination mit Zwiebeln, Lauch (Porree) und Möhren.
Unten: Gesunde Pflanzen durch Mischkultur in einem Bauerngarten.

S. 18:
Gärtnermeister Schmidtke pflanzt um die Beete Kapuzinerkresse. Durch diese Barriere kriecht keine Schnecke hindurch.

Oben links: Gewöhnliche Schafgarbe, *Achillea millefolium,* oben rechts: Löwenzahn, *Taraxacum officinale,* unten links: Große Brennessel, *Urtica dioica,* unten rechts: Kleine Brennessel, *Urtica urens*

kühlen ist dieser Tee schon verwendbar. Auch hier gilt wieder: Zweimal im Abstand von zehn Tagen werden Pflanze und Boden mit feiner Brause übersprüht.

## Brennessel

Tee: 1 kg nicht blühendes, frisches Kraut wird in 3 l Wasser aufgekocht und auf 10 l Wasser verlängert. Nach der Abkühlung kann der Tee angewendet werden. Auch hier gilt wieder: Zweimal im Abstand von zehn Tagen mit feiner Brause über Pflanze und Boden geben.

# Käufliche »biologische« Pflanzenschutzmittel

Ich möchte zu diesem Thema nur ein paar Sätze verlieren. Es gibt mittlerweile viele Mittel im Gartenfachhandel zu kaufen. Sie sind teilweise leider sehr teuer. Über den Anwendungserfolg kann ich wenig sagen, da ich meine Pflanzenschutzmittel selbst herstelle. Nur ein Beispiel ist mir immer vor Augen. Pyrethrum ist seit langer Zeit als »biologisches« Insektenpulverkraut bekannt. Lange Jahre wurde es hoch gelobt und als Retter in der Not im biologischen Anbau angesehen. Heute ist es sehr in Verruf gekommen. Teilweise behaupten sogar die Medien, daß die aus Pyrethrum hergestellten Präparate giftiger seien als »chemische«. Doch auch hierüber kann ich nichts sagen, da ich weder Erfahrungen damit gemacht noch mich eingehend damit beschäftigt habe.

# Mechanische Hilfsmittel

### Leimringe

Leimringe kann man im Gartenfachhandel kaufen. Sie werden um die Stämme gelegt und auch u. U. um die unteren dicken Seitenäste bei niedrigem Obstgehölz. Wie auf Seite 52 beschrieben, helfen diese Ringe gegen Frostspanner. Das Frostspannerweibchen kriecht im Winter zur Eiablage den Stamm hinauf und bleibt am Leim kleben, ohne vorher seine Eier abgelegt zu haben. Damit ist der Entwicklungszyklus unterbrochen.

### Kunststoffnetze

Kunststoffnetze werden oft gegen Vogelfraß verwendet. Sie bringen allerdings nur bedingt Schutz. Ich habe sogar schon erlebt, daß diese Netze zu Vogelfallen wurden.
Die kleinen Singvögel richten kaum Schaden an. Lästig werden aber Sperlinge und Amseln – außerdem der Dompfaff (siehe Seite 39, 65). Als vorbeugende Maßnahme ist zu empfehlen, daß man beim Komposthaufen keine Kü-

chenabfälle offen liegen läßt. Das zieht die beiden Vögel wie ein Magnet an. Abfälle werden also gleich etwas eingegraben oder mit Boden bzw. halbfertigem Kompost zugedeckt.

Als Abdeckung eignet sich natürlich auch Gras vom Rasenschnitt. Mit dieser Abdeckung verhindern wir auch den manchmal nicht angenehmen Geruch der Abfälle.

## Fallen für Mäuse

Schußfallen sind gefährlich! Zangenfallen werden so aufgestellt: Der Gang wird aufgegraben, in jeden Gang kommt eine »scharfspitzig« gestellte Falle. Das gegrabene Loch läßt man offen. Die Maus merkt schnell, daß ihr Gang- und Klimasystem gestört ist, man kann also fast darauf warten, daß sie in die Falle geht.

# Andere Methoden des Bio-Anbaus

## So bekommt man gute Komposterde

Komposterde ist das wertvollste, was wir einem Garten geben können; und außerdem die beste Art von Recycling aller organischer Abfälle aus Garten und Haushalt. Ich kompostiere nach einer sehr alten Art.

Als Kompostplatz wählen wir – wegen der gleichmäßigen Feuchtigkeit – eine schattige Stelle, am besten im Einflußbereich eines Nuß- oder Birnbaums (wegen der Gerbstoffe). Dort heben wir spatentief eine Grube aus. In diese kommt alles organische Material, wie es anfällt. Gestelle aus Holz, Draht oder Beton stehen meist ebenerdig, und der darin aufgeschichtete Haufen trocknet durch Sonne und Wind oft zu sehr aus.

Auf den Komposthaufen gehören der Rasenschnitt, der Rückschnitt aller krautigen Pflanzen, das beim Hacken angefallene Unkraut, das im Herbst abgefallene Laub, alle Gemüse und Salatabfälle aus der Küche sowie die Asche von Kamin- und Kachelofen (**nur** Holzasche).

Zwischen die organischen Abfälle streut man ab und zu eine Handvoll Basaltmehl und lehmige Erde (lehmige Gartenerde, aber auch lehmige Aushuberde oder lehmige Maulwurfshaufen sind richtig).

Regenwürmer stellen sich in der schattigen Lage ganz von selbst ein und sind dankbar für jede neue Gabe.

Die Länge des Komposthaufens richtet sich nach der Menge der Abfälle, und die Höhe kann bis 1,5 m betragen. Ist der

**1**

**2**

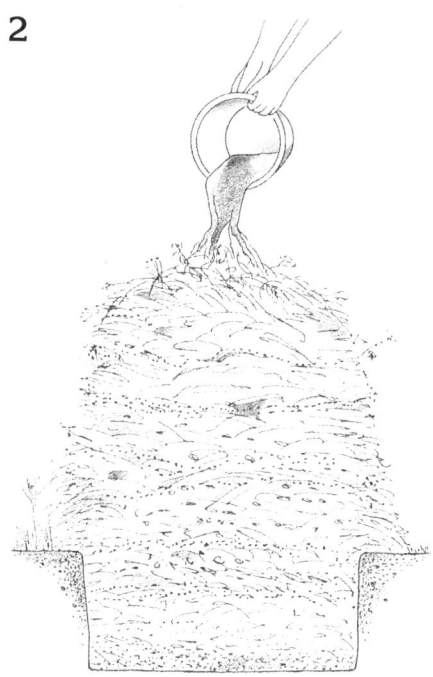

**3**

Komposthaufen herstellen
1. Ist der Kompostplatz gefunden, hebt man dort spatentief eine Grube aus. Dort hinein wirft man alles organische Material, was kompostiert werden soll.
2. Meist im Herbst, wenn der Haufen seine Höhe von 1,50 m erreicht hat, wird umgesetzt und mit dem selbst hergestellten Kompoststarter übergossen.
3. Im Frühjahr lüftet man den Haufen mit Grabe- oder Mistgabel etwas und deckt mit Gras immer wieder bis zu 10 cm dick ab.

Haufen auf seine Höhe aufgeschichtet, wird er umgesetzt. Das Umsetzen wird meist erst im Herbst anfallen, nämlich nach dem Abräumen und Rückschnitt sowie Laubfall, weil hier die letzten größeren Mengen organischen Materials anfallen. Dabei gibt man pro Kubikmeter 3 kg kohlensauren Kalk, der möglichst fein untergemischt wird. Achtung: Nur 3 kg, es soll eine Vergärung stattfinden und keine Verbrennung!

Wichtig beim Umsetzen mit Gabel und Schaufel ist, daß viele Hohlräume entstehen. Es soll eine aerobe Gärung entstehen und keine anaerobe. Ein guter Komposthaufen stinkt nicht unangenehm, er besitzt gleich einen typisch erdigen Geruch. Ist das Umsetzen fertig, kommt ein Kompoststarter über den Haufen, den jeder schnell selber machen kann. Er ist bald schneller hergestellt, als hier erklärt.

Für einen laufenden Meter Komposthaufen braucht man je 2 l Jauche aus vier Kräutern:

- Brennessel, *Urtica urens, Urtica dioica* (enthält Eisen)
- Schafgarbe, *Achillea millefolium* (enthält Bitterstoffe)
- Ackerschachtelhalm, *Equisetum arvense* (enthält Kieselsäure)
- Eichenrinde, *Quercus robur* (enthält Gerbstoffe und Gerbsäuren)

Die Jauchen müssen getrennt angesetzt werden. Ob man die Ansätze gleichzeitig oder nacheinander herstellt, ist egal.

Es können frische oder getrocknete Kräuter verwendet werden – nur die Eichenrinde sollte frisch sein, für einen Hauskompost genügt ein gut daumendicker Zweig von einem Meter Länge.

Die Eimer füllt man locker und setzt mit kaltem Wasser an. Nach ein bis zwei Wochen wird diese Jauche (sie muß nicht abgesiebt werden) aus dem Eimer über den Komposthaufen geschüttet. Ist gerade trockenes Wetter, können alle vier Jauchen auf einmal aufgebracht werden; bei feuchtem Wetter im Abstand von wenigen Tagen, um den Haufen nicht zu vernässen. Das war es dann schon!

Im Winter bleibt der Kompost offen liegen, um durchzufrieren. Im Frühjahr wird er mit Grabegabel oder Mistgabel noch ein wenig gelüftet und dann mit Laub oder dem immer wieder anfallenden Gras bis 10 cm hoch zugedeckt. Das sollte man im Sommer wiederholen; je nach Wetter und Grasanfall wird alle vier bis acht Wochen erneut abgedeckt. Das hält dann die Feuchtigkeit. Das Bakterienleben im Kompost ist so stark, daß es das aufgelegte Gras in kürzester Zeit »auffrißt«.

Wenn der Herbst kommt, gibt es für den Regenwurm kaum noch etwas zu tun. Die Erde ist verrottet, der Wurm verläßt den Haufen und wandert zum neuen nebenan, oder er verzieht sich in den Untergrund. Die Komposterde ist nun fertig und wird schon im Herbst oder gleich im Frühjahr flach mit der Gartenerde vermischt, eingehackt oder eingefräst. Bei mehrjähriger Düngung mit diesem reifen Kompost erreichen wir eine so hohe Wasserhaltekraft durch den Kom-

post, daß kaum noch gegossen oder beregnet werden muß.

In jedem Kubikzentimeter Komposterde sind bis zu zwei Milliarden Lebewesen, mit denen wir die Gartenerde verbessern. Es ist völlig sinnlos, auch nur die kleinste Menge organischer Abfälle zu einer Mülldeponie fahren zu lassen, wenn wir sie doch selbst nutzbringend für Blumen und Gemüse im eigenen Garten verwerten können.

*Extratip*

In einer Grube werden fugendicht Betonplatten ausgelegt, je nach Anfall zwei bis drei Quadratmeter. Die Höhe der Wände beträgt 60 cm, dort verputzt man die Fugen nicht, damit Regenwasser ablaufen kann. In der Mitte der Grube wird bis zur Oberkante mit Wabensteinen aufgemauert, die Öffnungen der Steine liegen waagrecht.

Die erste Kammer füllt man nach und nach mit organischem Material. Hier muß der Wurm zugesetzt werden, ob man unseren heimischen Kompostwurm oder den Tennessee-Wiggler bevorzugt, spielt dabei keine Rolle.

Ist die erste Grube voll, hebt man die oberste, nicht vergangene Schicht mit der Gabel ab und setzt sie in den zweiten Teil der Grube. Die erste Kammer wird mit dunkler Folie bedeckt. Die Würmer ziehen sehr schnell hinüber in die zweite Kammer. Sie kriechen durch die Öffnungen der Wabensteine.

Nach einiger Zeit kann man den Kompost aus der ersten Kammer verwenden. Ist die zweite Kammer voll, kommt wieder der Wechsel zur ersten.

Extra-Tip: In diesen Kompostkammern werden Sie bald viele Hunderte von Regenwürmern haben.

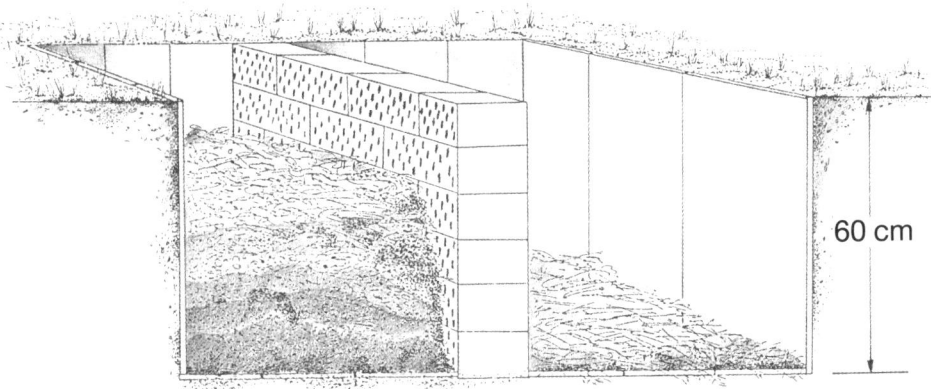

60 cm

## Tip für Balkongärtner

Ist die Komposterde im Herbst fertig, legen wir gleich die für Blumenkisten benötigte Menge beiseite und mischen dazu auf einen Schubkarren mit Erde zwei Schaufeln Torfmull und eine Schaufel Sand; den Sand, um die Erde durchlässig zu halten. Hat man keinen Schubkarren zur Verfügung, kann auch ein anderes Gefäß verwendet werden. Dieses Substrat kann noch mit einem handelsüblichen organischen Dünger angereichert werden. Mit dieser Mischung gedeihen die Blumen in Kisten und auch Beeten bestens.

## Hügelbeet

Jeder mag Bäume und Sträucher, der eine wegen der Blüten und Früchte, der andere wegen der Abgrenzung zum Nachbarn.

Bäume, Sträucher und Hecken brauchen Lenkung, und das heißt Schnitt. Abgeschnittene Hölzer benötigen mehr Zeit zum Verrotten als der schnelle Kompost. Daher verwenden wir das grobe Holz im Kamin, Kachelofen oder Herd. Wohin aber mit dem Reisig?
Verbrennen belastet die Luft und belästigt den Nachbarn. Maschinen zur Zerkleinerung sind oft teuer und außerdem zeitraubend. Einfacher ist es, sperriges Holz etwas zu zerhacken, damit es im Hügel enger zusammengeht, und ein Hügelbeet zu bauen.

### Bau eines Hügelbeetes

Je nach Menge wird eine Grube ausgehoben – spatentief reicht gut. Die Erde lagert man seitlich. Sehr gut läßt sich das im Gemüsegarten machen. Sinnvoll ist eine Einfahrtmöglichkeit mit dem Schubkarren.
In die Grube kommen unten hinein alle groben Teile, dazwischen legt man einige zerquetschte Knoblauchzehen, um Mäuse fernzuhalten. Faulender Knoblauch riecht fürchterlich – nicht nur für

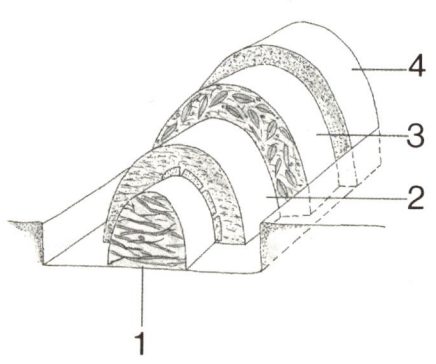

Hügelbeet (Schichten wegen der besseren Übersicht auseinandergezogen)
1 grobe Teile, dazwischen zerquetschte Knoblauchzehen
2 Reisig vermischt mit Grassoden oder halbfertigem Kompost, abgeschnittenen Stauden und dem letzten Grasschnitt
3 Abdeckung aus halbfertigem Kompost und dem Laub vom Herbst
4 Gartenerde

Mäuse! Ich habe die Erfahrung gemacht, daß man keinen engmaschigen Draht als unterste Lage benötigt (gegen Wühlmäuse), wenn man Knoblauchzehen dazwischen legt.

Mit den groben Teilen formt man einen Hügel (siehe Zeichnung Seite 26).

Über die erste Schicht wirft man alles angefallene Reisig, vermischt mit Grassoden oder halbfertigem Kompost, abgeschnittenen Stauden und dem letzten Grasschnitt. Mit halbfertigem Kompost und dem Laub vom Herbst wird zugedeckt, damit die dann aufgebrachte Erde nicht nach unten durchfällt. Ist viel Füllmaterial angefallen, hebt man nur einen Teil des Hügelbeetes aus, und, wenn der gefüllt ist, wird die Erde aus der Verlängerung gleich auf den fertigen Teil geschaufelt. So hat man die Erde nur einmal auf der Schaufel.

Die Breite des Hügels beträgt je nach Anfall 1,50 bis 2 m, die Höhe 1 m oder 1,2 m. Nun kann sofort angesät und gepflanzt werden. Durch die entstehende Verrottungswärme sind die daraufwachsenden Pflanzen früher reif, schöner und ertragreicher.

Wegen der Verrottung ist besonders in den ersten beiden Jahren das Nährstoffangebot sehr hoch. Deshalb ist anzuraten, Kürbisgewächse, z.B. Zucchini, Tomaten und Zuckermais zu pflanzen. Nitratanreichernde Gemüsearten wie Spinat, Salat und Rote Bete sollten während der ersten drei Jahre nicht gepflanzt oder gesät werden.

Das Hügelbeet kann nicht nur im Herbst angelegt werden. Auch im Sommer gibt es viele Holzabfälle. Sommerschnitt von Obst- und Ziersträuchern sowie von allen Sicht- und Windschutzhecken (Liguster, Thuja, Hainbuche und Ahorn). Abgedeckt wird im Sommer mit dem Schnitt vom Rasen und der Wiese.

Auf dem Hügelbeet gibt es ohne Nachdüngung volle Ernten über drei Jahre. Nach dieser Zeit hat es sich fast wieder auf das alte Niveau des Gartens abgesenkt.

Es wäre schade, die Holzabfälle auf eine Mülldeponie zu fahren. Mit dem Bau des Hügelbeetes sind sie sogar meist schneller beseitigt – und dazu noch sehr nutzvoll.

## Tips zur Bodenbearbeitung und Pflanzung

Die meisten Fehler im giftfreien Anbau werden schon bei der Bodenbearbeitung gemacht. Deshalb hier ein paar Tips.

Im Herbst wird in der Regel zu tief gegraben, das sollte nur flach geschehen, am besten mit der Grabegabel. Dabei kann Komposterde oder Stallmist gleich mit eingearbeitet, das heißt, mit Erde vermischt werden. Durch Überfrieren entsteht eine wunderbare Frostgare, die nachher im Frühjahr nicht mehr eingegraben werden darf. Der Boden ist dann schon so locker, daß er nur noch mit einem Karst durchgezogen wird. Bei dieser Bodenbearbeitung kann sich das reichhaltigste Bakterienleben entwickeln.

Im Frühjahr wird nur dort abgerecht, wo feinere Saaten ausgebracht werden. Um später leicht durchhacken zu können, sät und pflanzt man möglichst alles in Reihen.

Wenn zu fein abgerecht wird und es einmal kräftig regnet, verfestigt sich die oberste Bodenschicht, und die Samen keimen schwer. Bleibt dagegen der Boden mit haselnuß- bis walnußgroßen »Knollen« liegen, werden diese bei Regengüssen erst einmal auseinanderfallen, durch das Kapillarsystem geht nicht so viel Feuchtigkeit verloren, und einmal Hacken ist gespart.

Bei der Bepflanzung wird oft nicht genug auf die Pflanztiefe geachtet. Salate, die zu tief sitzen, faulen von unten her. Alle Kohlarten kommen nur mit der Wurzel, nicht mit dem Stengel in den Boden, denn die Krankheit Kohlhernie, im Volksmund die Kröpfe, entsteht nicht an der Wurzel, sondern am Stengel.

Beim Durchhacken ist der größte Fehler, daß zu tief gehackt wird. Das ergibt jedes Mal eine Verletzung der feinen Wurzeln und damit eine Wachstumsstockung und Schwächung der Pflanze. Zum Hacken eignen sich am besten eine Rollhacke und eine Zughacke, nicht nur auf dem Beet, auch die Wegchen sind mitzuhacken. Durch das flache Hacken wird das Kapillarsystem (die »Verdunstungsleitungen«) gestört, die Feuchtigkeit bleibt im Boden. Der Boden bleibt dabei krümelig liegen. Mögliches Unkraut wird in den Wegchen auf kleinen Haufen gelassen und an einem heißen Tag umgedreht (Mulch).

## Mulchen

In der Natur ist Mulchen ein ganz natürlicher und jährlich wiederkehrender Vorgang; auf den Wiesen und an den Bachrändern durch überständiges, umgefallenes Gras, im Wald durch Laub- und Nadelfall.

Ohne diesen Mulch hätten wir nie eine so gute Wasserhaltekraft. Die Bodenbedeckung gewährleistet eine gleichmäßige Bodenfeuchte und ausgeglichene Temperaturen. Im Schatten des Mulchs entsteht die Schattengare. Jede Art Mutterboden wird dadurch locker und krümelig. In dieser meist dunkelbraunen bis schwarzen Schicht ist das beste Bakterienleben.

Doch wie sieht es in den Gärten aus?

Ein Beet wird umgegraben, umgepflügt, das Oberste zuunterst gedreht, anstatt flach zu wenden oder nur durchzuziehen. Oft wird zu fein gerecht, zu fein gefräst, und die Saat dazu noch fest geklopft. Ist das naturgemäß?

Mulchen ist das Bedecken des Bodens mit einer dünnen Schicht organischen Materials in einer Dicke von 5 bis 10 cm. Das Material (frischer Mulch) dazu kann vielseitig sein: z.B. der Schnitt von Rasen oder Wiese, Stroh, Wicken, Lupinen, Erbsen, Büschelschön, Kleearten, nichtblühende Brennessel und Beinwell.

Gerade Brennessel (*Urtica urens, Urtica dioica*) und Beinwell (*Symphytum officinale*) bringen beste Erfolge, sie werden frisch geschnitten ausgelegt und dann gleich mit Gras bedeckt. Beim Gras ist es sinnvoll, das abgemähte auf

Haufen zu ziehen, zu warten, bis es vergilbt, und erst dann zwischen die Kulturen zu werfen. Man verteilt es mit der Gabel.

Sehr gut ist es, über den Mulch noch etwas Stein- oder Basaltmehl zu streuen, um Schnecken fernzuhalten. Wenn sich viele Schnecken im Garten aufhalten, sollte das Mulchmaterial nie frisch, sondern angewelkt ausgebracht werden.

Die Erde unter dem Mulch bleibt immer gleichmäßig feucht. Das Gießen und Beregnen entfällt selbst bei längeren Trockenperioden.

Steht die Kultur eng, genügt es, nur die Gartenwegchen zu mulchen.

Die Mulchschicht wird von der Erde darunter sehr schnell »aufgefressen« und kann immer wieder erneuert werden. Nach einer alten Bauernregel bleibt der Mulch (jede Art, nur nicht Gras) strohiger, wenn er kurz vor Vollmond geschnitten wird, und verrottet schneller vor Neumond geschnitten. Der Rasen und das Gras einer Wiese treibt, vor Neumond geschnitten, nicht so schnell wieder durch.

*Rindenmulch*

Rinde zum Mulchen fällt in großen Mengen bei der maschinellen Entrindung von Tannen und Fichten an und liegt oft nutzlos in den Sägewerken herum. Je feiner diese Rinde ist, desto besser. Rinde ist der ideale Mulch für Pflanzen, die sauren Boden mögen: Rhododendren, Azaleen, alle Erika-Arten und vor allem die Brombeeren. (Frische Rinde nicht aufs Gemüse-, Blumen- oder Staudenbeet!)

Gerade bei den Brombeeren kann der Ertrag durch Rindenmulch fast verdoppelt werden. Rhododendren und Azaleen bekommen ein saftig grünes Laub und blühen reicher. Die Anwendung von Rindenmulch hilft auch der Gesundheit und dem besseren Wachstum aller Tannen (bis zu 20 cm dick auslegen) und Fichten, die oft zu trocken stehen und deshalb mit starkem Nadelfall reagieren (Waldboden vortäuschen).

Die Anwendung: Unter die Sträucher und Bäume legt man eine Schicht von etwa 10 cm Rinde und wiederholt das alle zwei bis drei Jahre.

Im Wald schon geschälte Rinde zu holen, geht nur mit Erlaubnis des Försters! Rindenprodukte erhält man auch im Fachhandel.

## Fruchtwechsel und Fruchtfolge

Es gibt Pflanzen mit großem, mittlerem und schwachem Nährstoffbedarf. Daran orientiert sich die Fruchtfolge auf den Beeten.

Dünger geben wir nicht jedes Jahr gleichmäßig über den ganzen Garten, sondern nur alle drei Jahre – und zwar auf den Beeten, auf denen die stark zehrenden Gemüsearten wachsen sollen. Gedüngt wird kräftig mit Stallmist und/oder Komposterde, die aber nicht über eine Zeit offen auf dem Beet liegenbleiben dürfen.

29

Erstes Jahr: Stark zehrende Gemüse
Hierzu gehören all die Gemüse, die, wie gesagt, einen hohen Nährstoffgehalt haben. Das sind alle Kohlarten, Gurken, Tomaten, Kartoffeln und Sellerie. Sie werden direkt nach der Düngergabe angebaut. Sie nehmen einen Teil des Düngers auf und hinterlassen den Boden in einem idealen Zustand für die nächste Gruppe.

Zweites Jahr: Mäßig zehrende Gemüse
Hierzu rechnet man alle Wurzel- und Zwiebel- sowie Knollengewächse. Zu dieser Gruppe gehören Karotten, Rettiche, Lauch, Kräuter und Salate; sie vertragen keine frische Düngung. Wurzelgemüse bekommen auf frisch gedüngten Beeten keine Wurzeln, sondern eher »Bärte«.

Drittes Jahr: Schwach zehrende Gemüse
In diese Gruppe gehören alle Hülsenfrüchte, also Bohnen und Erbsen. Sie wachsen am besten dort, wo vor zwei Jahren gedüngt wurde. Bohnen und Erbsen reichern mit Hilfe von Bakterien in ihren Wurzeln Stickstoff im Boden an und bereiten so das Erdreich für die nun wieder folgenden Starkzehrer aus der ersten Gruppe an. Man muß Bohnen und Erbsen nicht herausreißen, sondern abmähen und unterpflügen. Damit kommt der Stickstoff, der in den knolligen Verdickungen der Wurzeln sitzt, in den Boden. Im Hausgarten läßt man in der Regel nur die Wurzeln der Leguminosen im Boden. Die oberirdischen Pflanzenteile werden kompostiert.

## Mischkulturen

Es gibt nichts Schlimmeres als eine einzeln wachsende Pflanze. In der Natur wachsen alle Pflanzen in einer Gesellschaft. Sie siedeln sich dort an, wo sie gute Nachbarn finden. Das unterstützen wir im Hausgarten mit den Mischkulturen. Die Pflanzen schützen sich gegenseitig vor Schädlingen und Krankheiten und verbessern ihre Wachstumsbedingungen. Nachfolgend will ich einige gute Pflanzennachbarn nennen und dazu ihre Vorteile.

Alle Kohlarten mit Chicorée:
Es gibt keine Erdflöhe. Man pflanzt überwinterte Chicoréewurzeln dazwischen, die treiben wieder aus.

Kohl mit Salat:
Auch hier bleiben Erdflöhe fern. Der Salat bedeckt den Boden außerdem sehr schnell.

Gurken mit Sellerie:
Gurken stehen gern im Halbschatten mit Sellerie zusammen. Beide beeinflussen sich insofern positiv, als daß sie von keinen Krankheiten befallen werden oder nur gering.

Gurken mit Rosenkohl:
Hier finden wir dieselbe Wirkung wie oben beschrieben.

Zwiebeln mit Karotten:
Zwiebelfliegen und Karottenfliegen bleiben bei dieser Kombination fern.

Kohl mit Ringelblumen:
Blattälchen verschwinden in kurzer Zeit. Bedeckt der Kohl später den Boden, können die Ringelblumen abgehackt und gemulcht werden, d. h., man läßt die Pflanzen einfach liegen.

Kohl mit Sellerie:
Auch hier verschwinden Blattälchen bald. Außerdem schützt die Kombination vor Sellerierost und hält Kohlweißlinge fern.

Knoblauch mit Erdbeeren, Lauch mit Erdbeeren:
Diese Kombinationen beugen allen Pilzkrankheiten an Erdbeeren vor.

Rettich und Kohl mit Chicorée:
Es gibt keine Blasenfüße (Thripse) an den Pflanzen.

Rosen mit Lavendel:
Der Lavendel hält Schädlinge, vor allem Ameisen, von den Rosen fern.

Rosen mit Tagetes:
Diese Kombination bringt das gleiche Ergebnis wie oben beschrieben und schützt außerdem vor Bodenmüdigkeit der Rosen.

Kapuzinerkresse unter Steinobst:
Die Kapuzinerkresse hält durch ihre leicht antibiotische Wirkung den Baum gesund. Sie beugt Blutlausbefall vor. Lassen Sie die Pflanze ruhig am Baum hinaufwachsen.

Ringelblumen und Tagetes zwischen anderen Blüten- und Gewürzstauden:
Die beiden ersten Pflanzen verhindern Blatt- und Bodenälchen.

Ringelblumen, Tagetes und Gelbsenf:
Diese drei Pflanzen entseuchen den Boden. Der Senf blüht etwa sechs Wochen nach der Aussaat, er muß dann abgemäht als Mulch verwendet werden. Bringt der Senf den Samen zur Reife, wird er zum Nährstoffräuber. Rettiche darf man nicht nach Senf anbauen, denn dann werden alle Rettiche holzig.

Das sind nur einige Anregungen, die ich hier geben will, da ich hiermit gute Erfahrungen gemacht habe. Am besten, man probiert die Mischkulturen und günstigen Kombinationen im eigenen Garten aus. Ausführliche Tabellen über gute und schlechte Nachbarn finden Sie in vielen Gartenbüchern.

## Gründüngung

Die Gründüngung ist die Bodenbegrünung mit speziellen Pflanzen, die grün geschnitten in das Erdreich eingearbeitet werden. Dadurch reichern wir den Boden mit organischer Masse und Stickstoff an und lockern ihn zugleich. Festgelegte Pflanzennährstoffe werden in die bewegliche Form gebracht, der Boden wird aufgeschlossen. Die bekanntesten Gründüngungspflanzen sind die Schmetterlingsblütler (Leguminosen), die mit Hilfe der Knöllchen-

bakterien in der Lage sind, den Stickstoff der Luft zu binden und in eine pflanzenverfügbare Form zu bringen.
Vielverwendete Leguminosen sind z.B.:
- Blaue Lupine (*Lupinus angustifolius*),
- Gelbe Lupine (*Lupinus luteus*),
- Ackererbse (*Pisum sativum*),
- Schwedischer Klee (*Trifolium hybridum*),

Links: Stickstoffsammelnder Schmetterlingsblütler mit Knöllchen an den Wurzeln, Mitte: vergrößertes, stickstofflagerndes Knöllchen, rechts: vergrößerte Wurzelzelle mit Rhizobium-Bakterien

- Ackerbohne (*Vicia faba*),
- Wicke (*Vicia sativa*) und
- Zottelwicke (*Vicia villosa*).

Auch andere bekannte Gründüngungspflanzen kommen in Frage, das sind z.B.:
- Schwarzer Senf (*Brassica nigra*),
- Gelbsenf (*Sinapis alba*) und
- Büschelschön, Bienenfreund (*Phacelia tanacetifolia*)

Außerdem kann man im Gartenfachhandel Saatgutmischungen kaufen.
Fast alle Gründüngungspflanzen lockern durch ihre Wurzeln den Untergrund bis weit unter die Pflugsohle und die Spatentiefe. Ein weiterer Vorteil: Die

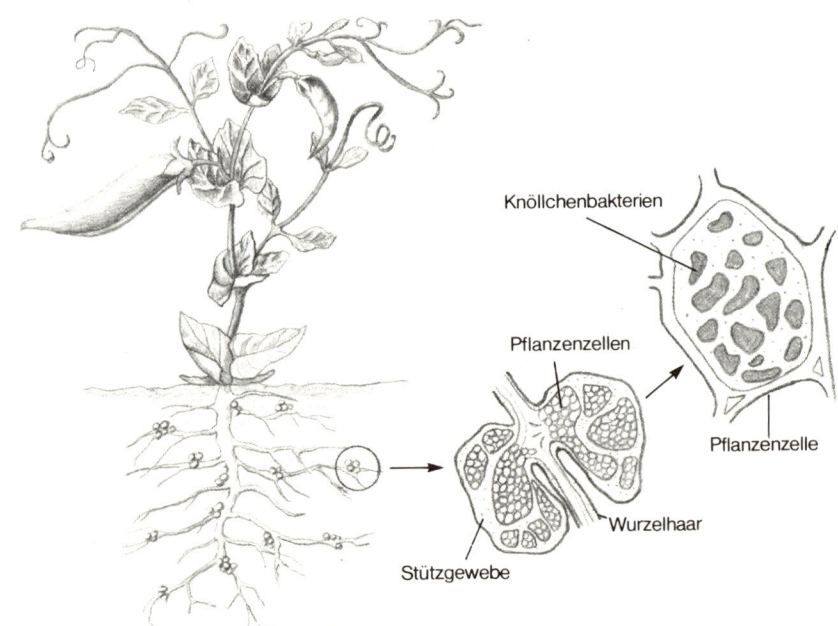

Knöllchenbakterien

Pflanzenzellen

Pflanzenzelle

Wurzelhaar

Stützgewebe

Wasserhaltekraft des Bodens wird erhöht.

Für eine Gründüngung wird der Boden mit Hacke, Kultivator und/oder Egge gelockert. Danach sät man an.

Für den Saattermin läßt sich folgendes sagen: Für Senfarten ist die richtige Zeit bis Mitte September. Alle anderen brauchen zweieinhalb bis drei Monate zur Entwicklung, das bedeutet also, daß man ab Juli/August sät, wenn im Herbst oberflächlich eingearbeitet werden soll. Die eben gemachten Angaben sind allgemeiner Natur. Will man z.B. in einem Jahr zweimal aussäen, wählt man hierfür Anfang April und Mitte Juli. Senf kann als Nachkultur noch im August bis Mitte September ausgesät werden. Tut man das, bleibt das Beet den Winter über, wie es ist, d.h., die Senfpflanzen werden nicht untergegraben. Der Senf erfriert im Winter und wird im Frühjahr leicht eingehackt oder flach eingefräst. In der Regel werden – wie gesagt – die Gründüngungspflanzen im Herbst oberflächlich eingearbeitet. Die beiden genannten Senfarten (S. 32) blühen schon nach sechs Wochen, sie werden dann abgemäht und untergegraben. Sie dürfen nicht zur Samenreife kommen, da sie sonst zu Bodenräubern werden. Wichtig: Bei einer Gründüngung mit Senfarten dürfen im folgenden Jahr auf diesem Beet keine Kreuzblütler, also z.B. Rettiche und Kohlarten, angebaut werden.

## »Un«-Kraut

Als Unkraut bezeichnen wir die Gewächse, welche wir nicht gepflanzt oder gesät haben. Ganz ausrotten können wir Unkräuter kaum, ihre Samen halten sich teilweise jahrzehntelang im Boden und werden oft vom Wind auf alle Flächen verteilt. Das Unkraut hat also eine Schutzfunktion! Wenn Mensch oder Tier eine Kahlfläche hinterläßt, wächst diese mit dem angewehten Samen schnell zu. Meist gibt es sogar noch ruhenden Samen im Boden, dieser wartet auf eine günstige Bedingung zur Keimung.

Auf den Pflanzflächen und in den Blumenbeeten ist das Unkraut eine unliebsame Konkurrenz und muß niedergehalten werden. Ich hacke meistens bei abnehmendem Mond, wenn das Wetter es zuläßt, so läßt sich das Unkraut gut bekämpfen. Leider macht das Wetter nicht immer mit.

Ich sehe das möglichst klein gehaltene Unkraut eher als Begleitkraut, ich sage auch nicht gerne Unmensch.

Heute weiß man außerdem, daß blühende Unkräuter Nützlinge, wie zum Beispiel Marienkäfer, anlocken.

## Singvögel und ihr Nutzen

Frühmorgens beginnen die Vögel mit ihrem Gesang, an dem wir uns gern erfreuen, uns aber kaum darüber Gedanken machen, wovon diese Tiere im Sommer leben.

Jedes Brutpaar braucht durchschnittlich in einer Brutperiode 35 kg Nahrung für sich und die Jungvögel, davon sind im Schnitt 25 kg des gesammelten Futters Schadinsekten. Rotschwanz und Rotkehlchen verzehren die meisten Schädlinge, Finken und Meisen liegen in der Mitte, Sperlinge am Ende.

Damit die Vögel dort bleiben, wo wir sie brauchen, hängen wir Nisthilfen auf. Sehr gut und dauerhaft sind die im Fachhandel angebotenen Nistkästen aus Holzbeton. Auch eine Nisthöhle aus Holz ist geeignet. Die Nisthilfen hängt man katzensicher auf (ab 2 m).

Das Flugloch darf nicht über 30 mm Durchmesser haben, sonst kommt der Sperling hinein, und den wollen wir ja nicht haben.

Die ideale Richtung des Flugloches ist nach Südosten, das stellt allerdings keine Bedingung dar.

Wichtiger ist eine Aufsitzmöglichkeit vor dem Flugloch auf einem Ast in der Entfernung zwischen 1,5 und 4 m. Ein Vogel fliegt nie mit seiner Beute direkt zum Nest, er sitzt vorher ab und sichert. Befindet sich ein Feind oder Konkurrent in der Nähe, kommt ein Warnruf, und seine Brut bleibt still. Ist die Umgebung gefahrenfrei, stößt er einen Lockruf aus, und in der Höhle gibt es sofort Geschrei. Es wäre falsch, einen Nistkasten mit dem Flugloch aus dem Baum »rauszuhängen«, besser ist an der Seite eines Baumes oder zum Baum hin.

Die Höhe sollte so gewählt werden, daß man bei der Arbeit im Garten nicht dagegenstößt und daß der Kasten vom Boden aus leicht zu reinigen ist, also um die zwei Meter über dem Boden (katzensicher).

Bei beginnendem Winter muß der Nistkasten gereinigt werden. Wir holen das alte Nest heraus, werfen es auf die Erde, und der Nistkasten wird mit einer Bürste ausgekratzt, um mögliche Schädlinge zu entfernen. Diese Arbeit verrichtet man nicht an stürmischen Tagen, die Vögel suchen dann Schutz in der Höhle vor dem Wetter.

Ich werfe die Nester unter Sträucher. Oft tragen die Vögel die brauchbaren Teile des Nestes sofort wieder ein.

Am Nest erkennen wir auch, welcher Vogel darin gewohnt hat: Meisen bauen mit Moos und Wolle, Finken nur mit

S. 35:
Vier Pflanzen für Jauchen, Brühen und Tees: oben links Adlerfarn, *Pteridium aquilinum*; oben rechts Schwarzer Holunder, *Sambucus nigra*; unten links Gemeiner Wurmfarn, *Dryopteris filix-mas*; unten rechts Löwenzahn, *Taraxacum officinale*.

S. 36:
Drei Pflanzen für Jauchen, Brühen und Tees: oben links Ackerschachtelhalm, *Equisetum arvense*; oben rechts Gewöhnliche Schafgarbe, *Achillea millefolium*; unten Echte Kamille, *Chamomilla recutita* (= *Matricaria chamomilla*)

S. 37:
Drei Pflanzen für Jauchen, Brühen und Tees: oben links Tomaten; oben rechts Rainfarn, *Chrysanthemum vulgare*; unten Salbei, *Salvia officinalis*

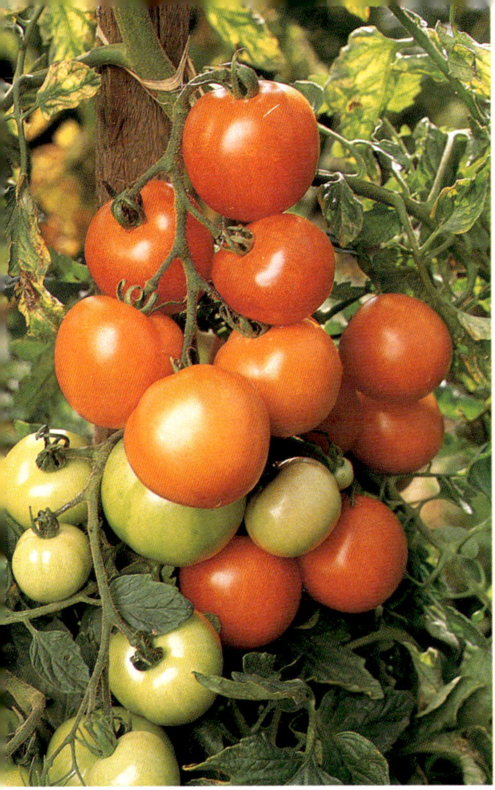
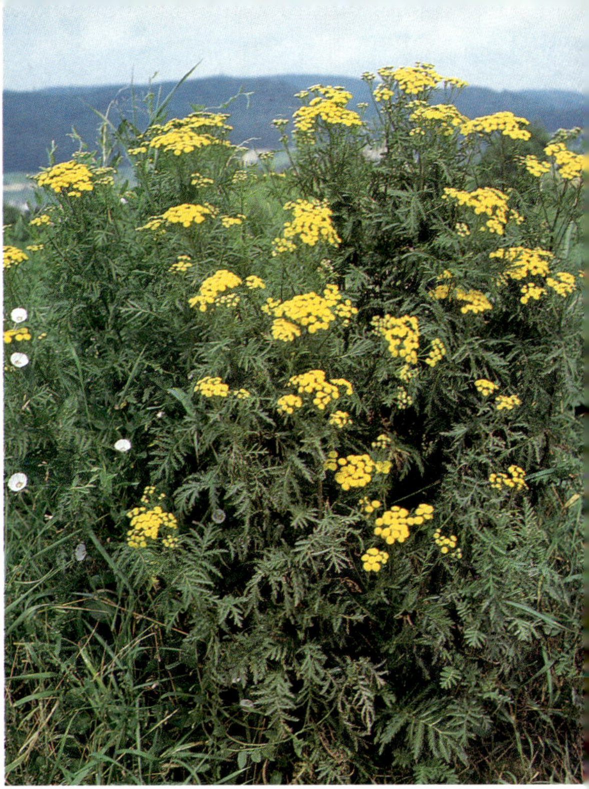
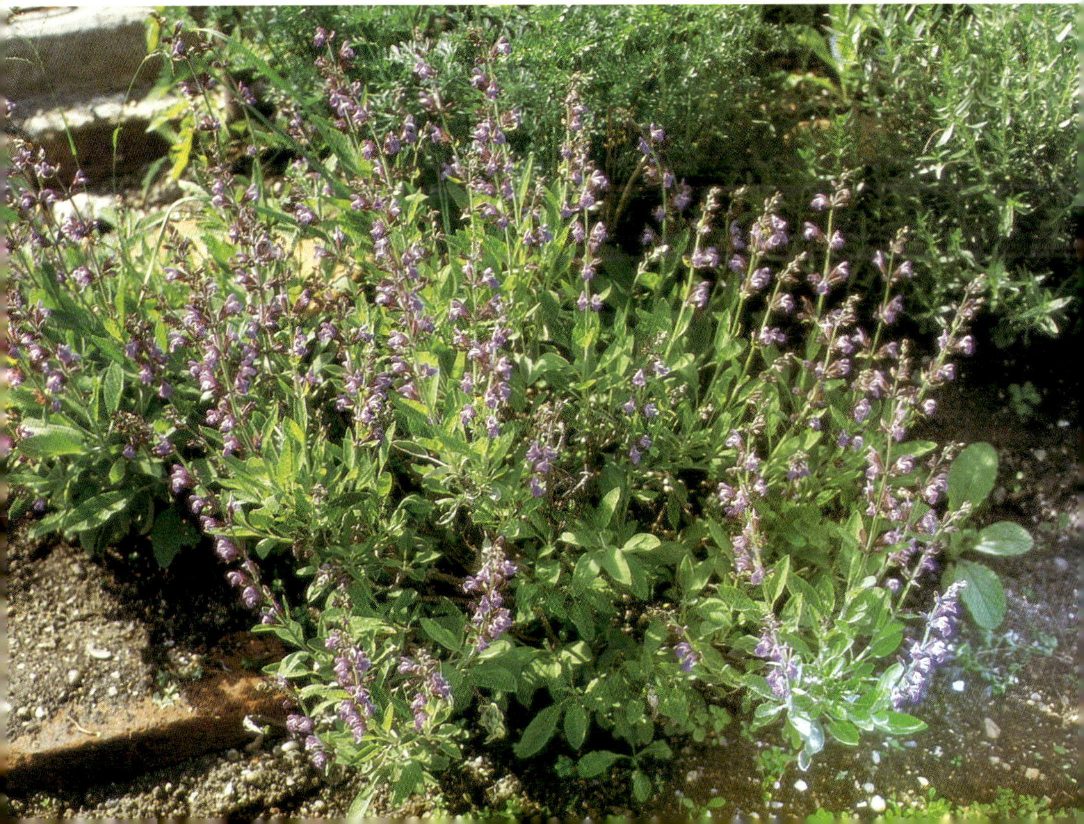

Moos, Feldspatzen mit Queckenhalmen, der Kleiber verengt das Flugloch mit Lehm auf einen Durchschlupf von 28 mm.

Als Nachmieter kommt oft die Haselmaus, die den Kasten mit Laub vollstopft. Manchmal finden sich auch Wespen, Hummeln und Hornissen ein.

Einen Vogel gibt es, der im Frühjahr Knospen an Johannisbeeren frißt: der Dompfaff. Den kann man gut abwehren, wenn man die noch laublosen (!) Sträucher mit einer Lösung aus 60 g Kochsalz in 10 l Wasser übergießt (siehe dazu auch Seite 65). Dem Vogel ist die Suppe versalzen, und den Sträuchern macht das nichts.

Der jährliche Aufschrieb der Belegung ist wichtig, um eine Zu- oder Abnahme der Singvögel festzustellen.

Gefüttert wird nur in Notzeiten, wenn es draußen hart gefroren oder mit Schnee bedeckt ist. Als Futter nimmt man eine Mischung aus Sonnenblumen- und Hanfsamen im Verhältnis 10:1. Für die Weichfresser eignen sich mit Speiseöl befeuchtete Futterhaferflocken.

Eine weitere Futtermöglichkeit: Tontöpfe (Blumentöpfe) mit dem Körnerfutter füllen und dann mit einer Mischung aus Schweine- und Rinderfett vollgießen (Fett wird nur etwas warm gemacht). Am besten eignen sich Blumentöpfe mit 12 cm Durchmesser. Durch das Loch im Topf wird ein Zweig gesteckt, an dem sich der Vogel dann festhalten kann. Achtung: Der Zweig wird vor dem Füllen hineingesteckt! Mit einem Draht hängt man das Ganze auf.

Im Sommer entfernt man den Topf nicht. Man füllt ihn mit Holzwolle und hängt ihn so an, daß er mit dem Stamm oder einem Zweig Berührung hat. In kurzer Zeit siedeln sich hier Ohrwürmer an. Sie halten sich tagsüber dort auf und sind nachts auf den Bäumen unterwegs. Sie fressen dann viele schädliche Insekten.

Die Töpfe können über Jahre hängenbleiben, die Holzwolle muß man jedoch jährlich auswechseln.

## Hecken, und wie notwendig sie sind

Unter Hecken verstehen viele Gartenbesitzer nur die regelmäßig beschnittenen Hecken, die zur Einfriedung eines Grundstücks als Sichtschutz oder Windschutz gepflanzt sind.

Eine geschnittene Hecke braucht ihre jährliche Pflege. Liguster, Buche, Thuja, Ahorn und Berberitzen werden im Sommer geschnitten, am besten im August. Fichten und Eiben stutzt man nur alle zwei Jahre, die Fichten im Winter, die Eiben im Sommer.

Was wollen wir eigentlich durch Hecken erreichen? Nicht nur eine Abgrenzung,

S. 38:
Drei Pflanzen für Jauchen, Brühen und Tees: oben links (Arznei-)Baldrian, *Valeriana officinalis;* oben rechts Wermut, *Artemisia absinthium;* unten Speise-Rhabarber, *Rheum rhabarbarum.*

**150**

Gefüttert wird nur in Notzeiten, wenn es draußen hart gefroren oder mit Schnee bedeckt ist.

wir wollen ein gutes »Kleinklima« für unser Grundstück.
Trifft ein starker Wind auf ein solches Hindernis, wie es eben eine Hecke darstellt, wird er gebremst. Hinter dem Hindernis entstehen Luftwirbel, die bis zu achtmal so hoch sein können, wie diese Hecke oder der Baum hoch ist. Ein durchziehender Wind würde die leichten Humusteile fortwehen, und wir würden sie dann als Schlamm z.B. im nächsten Bachlauf davonschwimmen sehen.

Außerdem halten sich unter Hecken viele nützliche Tiere auf. Dort fühlen sie sich wohl – angefangen vom Marienkäfer, Larven und Käfer fressen täglich an Blattläusen so viel, wie ihr Eigengewicht beträgt, bis zum Igel, der gerne Schnecken verspeist. Um möglicherweise Zauneidechsen zu halten, werden einfach große Steine an einer sonnigen Stelle bis zu 25 cm hoch aufgeschichtet. Dort finden sich diese Tiere allerdings nicht immer von selbst ein. Die Nahrung der Zauneidechsen besteht z.B. aus Schneckeneiern, was wiederum dem Gärtner hilft.
Wenn der Garten bei den heutigen Grundstücksgrößen gut genutzt wer-

den soll, kann eine Hecke auch aus Obst- oder Beerensträuchern bestehen. Wenn genug Platz vorhanden ist, rate ich zu einer Hecke, die aus vielerlei Ziersträuchern besteht, dazwischen ein paar schwach wachsende Bäume wie Weißdorn oder die Mährische Eberesche. Diese Gehölze werden gerne zum Nisten und als Aufenthaltsort von Singvögeln angenommen. In der nachfolgenden Tabelle sind einige geeignete Gehölze aufgeführt. Eine solche Hecke ist eine gute Bienenweide, und im Herbst werden die Früchte gerne von Singvögeln genommen. Die Apfelrose zum Beispiel blüht jedes Jahr zweimal, deren Hage-

butten sind ein Lieblingsessen der Vögel.

Und noch etwas: Eine bunte Hecke sieht allemal besser aus als ein Zaun aus Maschendraht oder Holz.

Nun brauchen diese Bäume und Sträucher auch eine Pflege, also einen Schnitt oder Rückschnitt. Nach einer alten Bauernregel treibt ein Gehölz stärker nach dem Schnitt durch, wenn diese Arbeit kurz vor Vollmond getan wird, und

Schneidet man eine Hecke an Tagen kurz vor Vollmond, treiben die Gehölze stärker nach dem Schnitt nach.

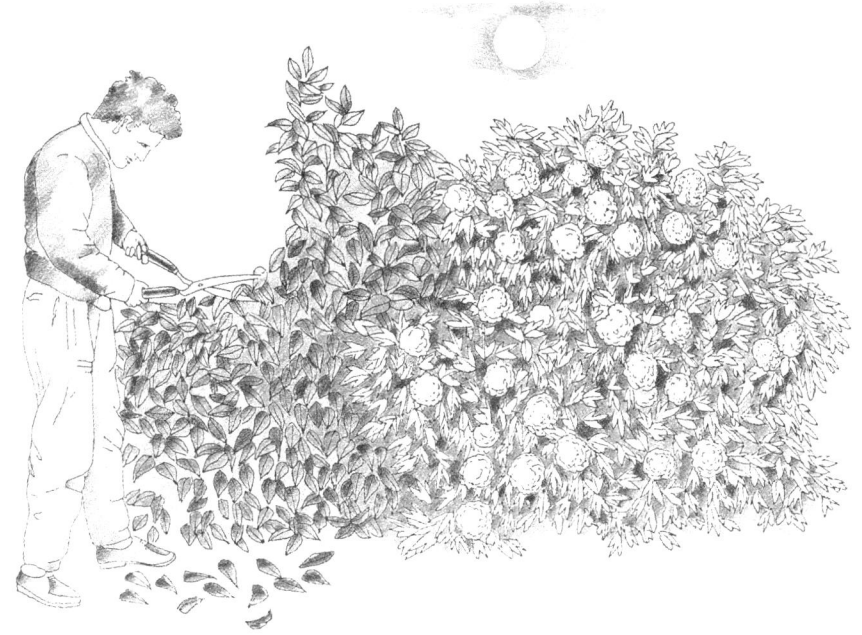

weniger stark an den Tagen vor Neumond. Wenn ich also im nächsten Jahr einen stärkeren Durchtrieb erreichen will, schneide ich einen Baum oder Strauch vor Vollmond. Das ist nützlich für den Aufbau, und es geht schneller. Auch beim radikalen Verjüngen, beim Abwerfen also, bekomme ich durch den stärkeren Trieb schnell die gewünschte Größe.

Wenn ich kurz vor Neumond schneide, ist der Durchtrieb viel schwächer. Am schwächeren Holz erhalte ich im zweiten Jahr besseres Blüten- und damit auch Fruchtholz. (Der Mond hat auch auf manche Menschen einen Einfluß – einige gehen deshalb nach oben genanntem Rezept zum Friseur.)

Das beste Blüten- und damit auch Fruchtholz bekommen wir von den drei- bis vierjährigen Trieben. Zu altes Fruchtholz wird entfernt.

Entfernen heißt nicht Wegfahren, sondern ins Hügelbeet oder unter den Hecken und Sträuchern in einem ruhigen Winkel auf einen Haufen werfen, um zum Beispiel den Bodenbrütern unter den Vögeln eine Nistgelegenheit zu geben. Auch andere Tiere, zum Beispiel Igel, finden hier Unterschlupf.

Ist ein Baum oder Strauch alt, muß er nicht gleich entfernt werden. Besser ist es, schon eine Zeit vorher Ersatz dafür zu pflanzen und zu warten, bis die neue Pflanze herangewachsen ist. So entsteht nie eine Lücke.

Es gilt die Regel: Wir bremsen mit der Heckenpflanzung den Wind, und unter Zugluft leiden nicht nur die Pflanzen, sondern auch die Menschen!

## Geeignete Gehölze für Hecken (Auswahl)

| Deutscher Name | Botanischer Name |
| --- | --- |
| Eibe | Taxus baccata |
| Feldahorn | Acer campestre |
| Felsenbirne | Amelanchier lamarckii (A. canadensis) |
| Fichte | Picea abies (P. excelsa) |
| Hartriegel | Cornus alba, C. sibirica |
| Lebensbaum | Thuja occidentalis |
| Mährische Eberesche | Sorbus aucuparia, S. moravica |
| Pfaffenhütchen | Euonymus europaea |
| Rainweide | Ligustrum ovalifolium |
| Rotbuche | Fagus sylvatica |
| Sanddorn | Hippophaë rhamnoides |
| Schneeball | Viburnum opulus (sterile) |
| Spierstrauch | Spiraea x vanhouttei |
| Zwerg- oder | Cotoneaster bullatus, C. dielsianus |
| Felsenmispel | C. divaricatus, C. salicifolius var. floccosus |

# Das Wasser

Ohne Wasser geht überhaupt nichts – weder bei Menschen und Tieren noch bei Pflanzen!

Gerade Pflanzen reagieren sehr schnell negativ auf das falsche Wasser. Deshalb ist es sinnvoll, einen Vorrat an gutem Wasser zu haben.

Man kann weiches Regenwasser leicht mit einer Klappe am Dachablaufrohr auffangen. Das Wasser der ersten Viertelstunde sollte man eigentlich wegen des hohen Schadstoffgehaltes nicht verwenden. Das Regenwasser kann zum Beispiel in Fässern stehen und erwärmt sich dort. Das ist wünschenswert – die Pflanzen werden beim Gießen mit zu kaltem Wasser »abgeschreckt«. Leitungswasser ist die schlechtere Alternative. In vielen Gegenden ist es zu kalkhaltig, das schadet insbesondere Fuchsien, Alpenveilchen und Stiefmütterchen.

Der Idealfall ist natürlich eine Quelle oder ein Brunnen mit gutem Wasser auf dem Grundstück. Auch dieses Wasser sollte bis zur Anwendung einige Stunden stehen. Das kann man auch sehr dekorativ gestalten, zum Beispiel in einem hübschen Brunnentrog.

## Zwei Wasserrezepte

Blattläuse an Fuchsien:
Das Wasser wird in der Kühltruhe bis auf fast 0 Grad Celsius abgekühlt, damit übergießt man die Pflanzen an einem Tag zwei- oder dreimal. Die Läuse halten dies nicht aus, die Pflanze wird mit dem Schock leicht fertig.

Übergießt man Fuchsien mit fast 0 Grad Celsius kaltem Wasser an einem Tag zwei- oder dreimal, dann verschwinden Blattläuse.

Düngung der Geranien:
Über zerstoßene Schalen von zwanzig Eiern gibt man 10 l heißes Wasser und läßt alles fünf Tage stehen. Dann nimmt man von dieser Jauche (man kann sie absieben, muß aber nicht) 2 l, verdünnt auf 10 l und gießt damit zwei- oder dreimal den Sommer über die Geranienkästen am Fenster oder auf dem Balkon. Diese Düngung mit dem Eierschalenwasser regt sehr stark den Blütenansatz an.

# Nährstoffmangelerscheinungen

Pflanzen sieht man den Mangel an jedem Nährstoff an. An der Blattfarbe läßt sich das leicht identifizieren.

**Hellgrün bis mattgrün:** Stickstoffmangel
Hier empfiehlt sich eine wöchentliche Düngung mit Brennesseljauche (siehe Tabelle Seite 11), etwa drei- bis viermal.

**Rot bis purpurrot:** Phosphormangel, Überschuß an Zuckerverbindungen
Im Herbst düngt man mit Thomasphosphat (an Kalk gebundene Phosphorsäure aus der Stahlherstellung). Als Richtlinie dient 4 kg/100 m². Nicht ganz so schnell wirkt eine Düngung mit Steinmehl.

**Gelb bis gelbgrün, die Blattränder sind gelbgrün und trocknen vom Blattrand her ein:** Kaliummangel
Abhilfe schafft eine Düngung mit Holzasche. Vorsicht: Eine Überdüngung ist

hier leicht möglich. Auch Beinwell- bzw. Comfreyjauche hilft.
**Spezielle Kalium-Mangelerscheinungen:** Bei Tomaten sind die jungen Blätter runzelig, die älteren aschgrau. Kohlarten verfärben sich blaßgrün, dann setzt Fäulnis ein. Die Blätter der Gurken werden bronzefarben und sterben vom Blattrand her ab.

**Weiß bis gelblich, die Verfärbung zeigt sich zwischen den Blattadern und kann sich über die ganze Blattfläche ziehen:** Magnesiummangel
Man düngt im Winter oder sehr zeitigem Frühjahr mit Basaltmehl.

**Gelb bis blaßgrün, der Mangel ist gut an den jungen Blättern und am Endpunkt des Triebes sichtbar:** Eisenmangel
Es empfiehlt sich eine wöchentliche Düngung mit Brennesseljauche, die fünf Tage kalt angesetzt ist.

# Nährstoffmangelerscheinungen

| Anzeiger für | Pflanze |
|---|---|
| nährstoffreicher Boden | Franzosenkraut, *Galinsoga parviflora*<br>Garten-Melde, *Atriplex hortensis*<br>Große Brennessel, *Urtica dioica*<br>Vogelmiere, *Stellaria media*<br>Weißer Gänsefuß, *Chenopodium album* |
| stickstoffarmer Boden | Hungerblümchen, *Erophila verna* |
| kalkreicher Boden | Ackerwinde, *Convolvulus arvensis*<br>Deutscher Ziest, *Stachys germanica*<br>Hirtentäschel, *Capsella bursa-pastoris*<br>Ringelblume, *Calendula officinalis*<br>Wiesensalbei, *Salvia pratensis* |
| kalkarmer (weniger saurer) Boden | Acker-Hellerkraut, *Thlaspi arvense*<br>Ackerhahnenfuß, *Ranunculus arvensis*<br>Sauerampfer, *Rumex acetosa*<br>Stiefmütterchen, *Viola tricolor* |
| saurer Boden | Hederich, *Raphanus raphanistrum*<br>Hohlzahn, *Galeopsis segetum (G. ochroleuca)*<br>Stiefmütterchen, *Viola tricolor* |
| schwerer und zu fester Boden | Ackerminze, *Mentha arvensis*<br>Ackerschachtelhalm, *Equisetum arvense*<br>Großer Wegerich, *Plantago major*<br>Kriechender Hahnenfuß, *Ranunculus repens* |

Es gibt außer diesen offensichtlichen Zeichen eine ganze Reihe von Gewächsen, die den Bodenzustand anzeigen (siehe Tabelle oben).

# Pflanzenkrankheiten und Schädlinge von A–Z

In den nachfolgenden Beschreibungen fasse ich zusammen, was mir über Schädlinge und deren biologische Bekämpfung bekannt ist. Die Aufzählung erhebt keinen Anspruch auf Vollständigkeit, ich habe zusammengetragen, was ich in meiner langjährigen Gärtnerpraxis selbst ausprobiert habe und was sich bewährt hat.

## Älchen, Fadenwürmer, Nematoden

Allgemeines:
Diese Tiere werden bis zu 1 mm groß und sind farblos. Sie saugen mit ihrem Mundstachel Gewebesaft aus der Pflanze. Diese Schädlinge werden gern durch Erdballen und Verpackungen verschleppt.
Schadbild:
Abgestorbene Wurzeln, Mißbildungen an Wurzeln und glasige, später braun verfärbende Blattflecken; auch Gallenbildung.
Maßnahmen:
Mischkultur mit Ringelblumen und Tagetes, Vorkultur mit Senf.
Pflanzen, die befallen werden:
Die meisten Pflanzen können befallen werden, besonders wenn kein Fruchtwechsel stattfindet. Sogar vor Unkräu-

tern schrecken diese Tiere nicht zurück. Im biologischen Anbau kommen die Schädlinge viel seltener vor.

## Ameisen

Allgemeines:
Diese Tiere leben immer über Wasseradern.
Schadbild:
Fraßschäden an Wurzeln, Wurzelhals und Früchten.
Maßnahmen:
Man kann Farnblätter auslegen. Ameisen vertragen außerdem die Nähe von Lavendel, Thymian und Majoran nicht besonders gut. Ist das Nest flach gelegen, kann man heißes Wasser eingießen. Achtung: Geschützte Ameisen dürfen nicht vernichtet oder verfolgt werden! Befinden sich Hügelbauten von Waldameisen im Garten, was eher selten vorkommt, müssen diese Tiere geschützt werden.
Mit folgender Methode kann man die Ameisen einfangen und an einen Ort bringen, wo sie nicht stören: Ein großer Blumentopf, der mit Holzwolle gefüllt ist, wird verkehrt herum auf das Nest gestellt. Die Ameisen verkriechen sich dort hinein. Man kann sie dann z.B. in den Wald bringen.

## Apfelwickler (Obstmade)

Allgemeines:
Der Apfelwickler fliegt im Sommer und legt seine Eier auf Blättern und Früchten ab. Die geschlüpfte Raupe frißt sich in die Frucht ein.
Dieser Schädling ist ein ideales Singvogelfutter.
Schadbild:
Im Obst sieht man die Raupe, die sich durch das Fruchtfleisch hindurchfrißt. Die Früchte fallen später ab.
Maßnahmen:
Nützlinge einsetzen! Am besten hängt man Singvogelkästen auf und außerdem Töpfe für den Ohrwurm.
Fallobst muß man auflesen und verwenden oder zerstampft auf den Kompost geben.
Pflanzen, die befallen werden:
Apfelbäume, seltener auch an Birne und Aprikose.

Apfelwickler

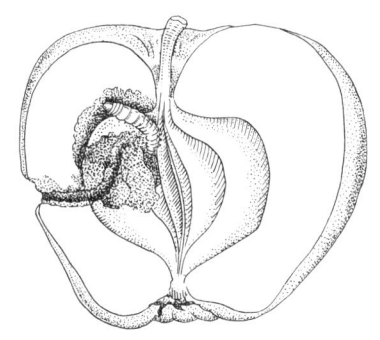

## Asseln

Allgemeines:
Diese Tiere sind zwar nur wenig schädlich, aber lästig! Sie treten bei schlechter Belüftung unter moderndem Holz, zu feucht gelagerten Wurzelfrüchten und Kartoffeln auf.
Schadbild:
Fraßschäden an zarten Keimlingen.
Maßnahmen:
Man darf keine faulenden Pflanzenteile, auch Holzabfälle oder Säcke und ähnliches liegenlassen. Jungpflanzen überstreut man mit Gesteinsmehl.
Pflanzen, die befallen werden:
Zarte Keimlinge bei gespannter Luft (gut lüften!).

## Baumkrebs

Allgemeines:
Ich habe die Erfahrung gemacht, daß Baumkrebs oft entsteht, wenn ein Obstbaum auf einer zu nassen Stelle steht oder wenn der Baum mehrfach einen wohl zu starken Rückschnitt bekommen hat.
Diese Krankheit kann – nach meiner Erfahrung – auch vorkommen, wenn man nicht immer ein paar einjährige Wassertriebe stehen läßt.
Schadbild:
Es entstehen am Stamm und an starken Zweigen offene Stellen mit einer krebsartigen Wucherung. Ganze Äste oder sogar der Baum können auf Dauer vertrocknen.

Maßnahmen:
Es ist ein Rückschnitt in Etappen über einige Jahre anzuraten. Baumwunden in der Größe eines 5-DM-Stücks bzw. größer müssen mit Wundwachs gut zugestrichen werden.
Weniger anfällige Sorten pflanzen!
Pflanzen, die befallen werden:
Apfelbäume, am empfindlichsten ist die Goldparmäne.

## Blattfleckenkrankheit

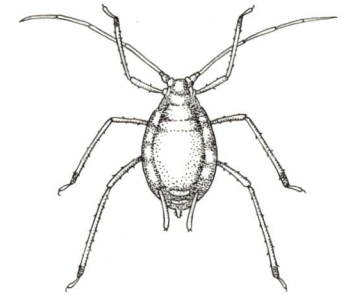

Grüne Pfirsichblattlaus

Allgemeines:
Die Blattfleckenkrankheit wird durch einen Pilz hervorgerufen. Er vermehrt sich bei großer Feuchtigkeit und im Gewächshaus bei zu wenig Belüftung.
Schadbild:
Braune, auch rot-gelbliche oder graue Blattflecken, später trocknen die Blätter ein.
Maßnahmen:
Fünf Tage alte Zwiebelschalenbrühe wird über die Blätter gegossen. Auch Ackerschachtelhalmjauche hilft (siehe Tabelle Seite 10).
Pflanzen, die befallen werden:
Erdbeeren, Gurken, Melonen, Sellerie und Tomaten.

## Blattläuse

Allgemeines:
Blattläuse treten stark bei trocken-heißem Wetter und bei zu dichtem Pflanzenstand auf. Es kann bis zu 15 Generationen pro Jahr geben. Zu hohe Stickstoffdüngung fördert ihr Auftreten.
Schadbild:
Wachstumshemmung, verkrüppelte junge Blätter und Triebspitzen.
Maßnahmen:
Brennesseljauche, die entweder kalt angesetzt nach 24 Stunden oder bei Beginn der Gärung nach fünf bis sieben Tagen mit Wäschesprüher oder Rückenspritze unverdünnt auf die befallenen Stellen gesprüht wird – besonders auch die Blattunterseiten behandeln, wo die Schädlinge hauptsächlich sitzen. Ist die Jauche völlig vergoren (also meist sechs Wochen alt oder älter), muß sie mindestens 1:10 verdünnt werden. Während der Gärung kann man die Jauche nicht verwenden.
Pflanzen, die befallen werden:
Fast alle Gewächse – je nach Wetter und Pflanzenabstand.

48

## Blutläuse

<u>Allgemeines:</u>
Diese Schädlinge können bis zu zehn Generationen im Jahr hervorbringen. Der Name kommt daher, daß es beim Zerdrücken der Blutläuse einen roten Fleck gibt.
<u>Schadbild:</u>
Unter wolligweißen Wachsausscheidungen befinden sich braune Läuse.
<u>Maßnahmen:</u>
Fünf Tage alte Wurmfarnjauche wird aufgebracht oder eine Schmierseifen-Spiritusmischung (S. 15) mehrfach gespritzt. Außerdem sollte man widerstandsfähige Sorten verwenden. Vorbeugend hilft Kapuzinerkresse unter Obstbäumen.
<u>Pflanzen, die befallen werden:</u>
Äpfel und Hausreben.

## Drahtwürmer

<u>Allgemeines:</u>
Drahtwürmer – die Larven des Schnellkäfers – werden bis zu 25 mm lang. Sie sind gelb mit braunem Kopf. Sie treten häufig auf, wenn Gartenland neu in Kultur genommen wird.
<u>Schadbild:</u> Waren Drahtwürmer am Werk, erkennt man das an abgefressenen Wurzeln oder auch Zwiebeln und Rüben, besonders an Jungpflanzen.
<u>Maßnahmen:</u>
Im Herbst wird kohlensaurer Kalk und im Frühjahr bei der Gartenbestellung Steinmehl gestreut. Beim Steinmehl

Blutlaus

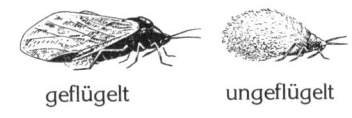

geflügelt ungeflügelt

Schwarze Bohnenlaus

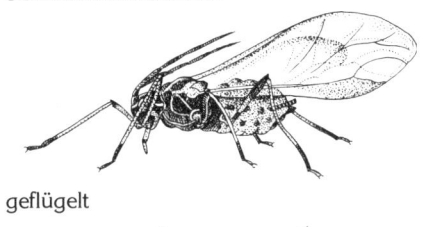

geflügelt

ungeflügelt

nimmt man 10 kg pro Ar. Drahtwürmer lassen sich hervorragend mit rohen Kartoffelscheiben ködern, die man etwas in den Boden drückt.
<u>Pflanzen, die befallen werden:</u>
Salat, Rübenarten und Kartoffeln.

## Echter Mehltau

<u>Allgemeines:</u>
Der Echte Mehltau tritt oft bei feuchtschwülem Wetter an vielen Gemüse-

49

und Blumenarten auf. Im Gegensatz zum Falschen Mehltau kommt er auch bei trockenem Wetter vor.

Schadbild:
Die Krankheit zeigt sich durch einen puderartig weißen Belag auf den Blättern, die schließlich vertrocknen.

Maßnahmen:
Da der Befall am geringsten ist, wenn der pH-Wert bei 6,5 liegt, muß man bei zu saurem Boden vorsichtig kalken. Vorbeugend und bei Befall hilft Ackerschachtelhalmbrühe und auch Zwiebelschalenbrühe, die heiß angesetzt wird und fünf Tage alt ist (z.B. bei Rosen und Rittersporn).

Pflanzen, die befallen werden:
Rosen, Rittersporn, Gurken, Bohnen und Erdbeeren.

## Engerlinge

Allgemeines:
Engerlinge werden bis ca. 60 mm lang. Sie sind gelblich gefärbt. In den letzten Jahren traten sie seltener auf – doch wenn, in großer Anzahl nur auf kleinen Flächen.

Schadbild:
Abgefressene Wurzeln.

Maßnahmen:
Der Boden wird mit dem Karst gelockert oder gründlich gehackt. Bewährt hat sich Mischkultur mit Knoblauch, der im Herbst gepflanzt wird. Spatzen und Maulwürfe sind natürliche Feinde. Man kann den Boden auch nach Engerlingen absuchen.

Pflanzen, die befallen werden:
Die Schädlinge fressen an allen Wurzeln.

## Erdbeerblütenstecher

Allgemeines:
Der Erdbeerblütenstecher ist ein Rüsselkäfer, der bis zu 4 mm groß werden kann. Er legt seine Eier im Mai in die Blütenknospen, wo auch die Larven schlüpfen.

Schadbild:
Die Blütenknospen sind an- oder durchgebissen, sie vertrocknen. Der Befall findet meist im Frühjahr statt, wenn man noch keine Holzwolle ausgelegt hat. Die Erdbeeren stehen meist zu trocken.

Maßnahmen:
Man mulcht mit Farn (z.B. Adlerfarn, *Pteridium aquilinum*), Rainfarn (*Chrysanthemum vulgare*), Beinwell (*Symphytum officinale*) und kurzem Rasenschnitt. Befallene Knospen werden entfernt.

Pflanzen, die befallen werden:
Erdbeeren, Brombeeren, auch Himbeeren bei trockenem Stand.

## Erdflöhe

Allgemeines:
Bei den Erdflöhen handelt es sich um 2–3 mm große Blattkäfer. Sie fressen so lange an den jungen Blättern, wie der Boden offen liegt und sich erwärmt. An älteren Pflanzen kommen diese Schäd-

linge seltener vor. Sie richten haupt-
sächlich in einem zu trocken gehaltenen
Frühbeet Schaden an.
Schadbild:
Man sieht Fraßlöcher in den Blättchen
der Jungpflanzen. Außerdem ist es trok-
ken, das lieben Erdflöhe.
Maßnahmen:
Mischkultur mit den letzten Chicorée-
wurzeln nach dem Treiben im Keller und
auch mit Schnittsalat hat sich bewährt.
Außerdem muß man mulchen, damit
der Boden nicht so warm und trocken
wird. Im Frühbeet wird gewässert und
gelüftet.
Pflanzen, die befallen werden:
Alle Kohlarten, Radieschen, Rettiche,
Rüben und Malven.

## Falscher Mehltau

Allgemeines:
Dieser Pilz überwintert auf liegengeblie-
benem, nicht kompostiertem Pflanzen-
abfall. Er tritt besonders in nassen Jahren auf.
Schadbild:
Es zeigt sich ein schimmeliger (grau-
weißer) Belag auf den Blattunterseiten,
oberseits sieht man aufgehellte Flecken.
Maßnahmen:
Man muß für einen nicht zu feuchten
Standort und gute Durchlüftung sorgen. Man kann die Pflanzen mit heiß an-
gesetzter Zwiebelschalenbrühe oder
Ackerschachtelhalmjauche übergie-
ßen, die beide fünf Tage alt sind. Es gibt
außerdem resistente Sorten.

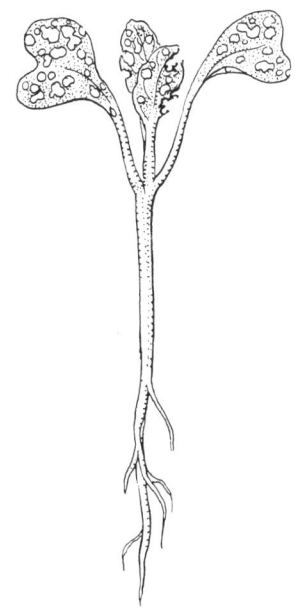

Schaden durch Kohlerdflöhe

Pflanzen, die befallen werden:
Spinat, Salat, Kohl und Zwiebeln.

## Fliegen, Stubenfliegen, Schnaken

Allgemeines:
Fliegen und Schnaken können für den
Menschen sehr lästig werden.
Maßnahmen:
Walnußlaub und einige Birnensorten
scheiden Stoffe aus, die diese Insekten

nicht mögen. Dies ist schon seit langer Zeit bekannt. Deshalb pflanzte man an vielen Bauernhöfen in der Hauptwindrichtung und auch an den Feldwegen Walnußbäume. Dem Vieh band man oft Walnußlaub an den Kopf.

In der Wohnung stellt man einen Strauß Walnußzweige in eine Bodenvase, er hält den Raum ca. zehn Tage fliegenfrei. Die Tomate besitzt dieselbe Eigenschaft. Tomaten in ein Beet beim Sitzplatz im Freien oder in einem Kübel auf dem Balkon gepflanzt, halten die lästigen Tiere fern. Cocktailtomaten mit ihrem starken Wuchs eignen sich am besten. Sie werden zweitriebig am Stock aufgebunden.

## Frostspanner

Allgemeines:
Das Weibchen des Frostspanners kann nicht fliegen, es kriecht in den Wintermonaten etwa ab Anfang Oktober, spätestens beim ersten Frost, den Stamm hinauf und legt die Eier in die Rinde. Dort schlüpfen im Frühjahr die Raupen, die die Fraßschäden anrichten.
Schadbild:
Fraßschäden an jungen Blättern und Blüten.
Maßnahmen:
Man sollte an jedem Baum einen Nistkasten oder einen Blumentopf mit Holz-

wolle für Ohrwürmer aufhängen. Die käuflichen Leimringe (siehe Seite 21) sind sehr zu empfehlen, die Weibchen bleiben daran hängen und können ihre Eier nicht in der Rinde ablegen.
Pflanzen, die befallen werden:
Obstbäume und Weißdorn.

## Gemeine Spinnmilbe

Allgemeines:
Die Gemeinen Spinnmilben, im Volksmund auch Rote Spinne, sind ca. 0,5 mm groß, rot und leben auf der Unterseite der Blätter. Die Tiere überziehen Blätter und Blattstengel mit einem feinen Gespinst. Der Schaden entsteht durch Aussaugen des Zellsaftes.

Leimringe gegen Frostspanner

52

# Grauschimmel

**Schadbild:**
Die Blätter zeigen einen matten Glanz und fallen später dann ab. Man sieht oft auch die feinen Gespinste auf der Blattunterseite bzw. zwischen Blattstiel und Pflanzenstengel. Die Schädlinge treten meist bei zu trockener Luft auf.

**Maßnahmen:**
Mischkultur mit Zwiebeln, Lauch, Knoblauch und Bärlauch haben sich bewährt. Außerdem kann mit Ackerschachtelhalm- oder Wermutjauche gespritzt werden.
Wie schon gesagt, ist eine Mitursache immer zu trockene Luft. In der Wohnung kann man dem mit einem Luftbefeuchter entgegnen, im Gewächshaus spritzt man Wasser auf den Weg.

**Pflanzen, die befallen werden:**
Obst, Gemüsearten und viele Zierpflanzen in Gewächshaus und am Blumenfenster.

## Gespinstmotte

**Allgemeines:**
Die Raupen der Motte sind bis zu 20 mm lang und gelb.

**Schadbild:**
Die Raupen fressen Knospen und Blätter bis zum Kahlfraß, besonders bei trockenem Standort.

**Maßnahmen:**
Man legt schon zeitig im Frühjahr kleine Baumscheiben an und sät dort Kapuzinerkresse an. Sie kann dann im Sommer ruhig am Baum hinaufklettern. Vorbeugend soll man für eine gleichmäßige Feuchtigkeit sorgen, z.B. durch Mulchen mit Gras.

**Pflanzen, die befallen werden:**
Gespinstmotten kommen am häufigsten an Zwetschen- und Pflaumenbäumen vor, auch gern an den neuen Apfelsorten. Die alten Sorten werden so gut wie nie befallen, dazu gehören zum Beispiel die bekannten Gravensteiner, Oldenburg, Renetten, Glockenäpfel und Brettacher.

## Grauschimmel

**Allgemeines:**
Grauschimmel kommt immer wieder vor. Er tritt oft in feuchten Jahren auf. Im Gewächshaus z. B. dann, wenn die Pflanzen zur Nacht hin nicht genug abgetrocknet sind oder wenn zu wenig gelüftet wird.

**Schadbild:**
Grauer Schimmelbelag auf Blättern und Trieben, manchmal auf Früchten und Knospen bzw. Blüten.

**Maßnahmen:**
Bei Erdbeeren wird schon vor der Blütezeit Ackerschachtelhalmjauche oder Zwiebelschalenbrühe heiß angesetzt, fünf Tage gewartet und dann damit übergossen. Bei Erdbeeren hat sich Mischkultur mit Zwiebeln, Knoblauch und Lauch bewährt.
Um Grauschimmel vorzubeugen, gibt es verschiedene Möglichkeiten. Man muß für einen luftigen Standort sorgen, die Pflanzen dürfen nicht zu dicht stehen. Außerdem muß man im Gewächs-

# Krankheiten und Schädlinge

haus genügend lüften, damit die Pflanzen abtrocknen können.
Befallene Pflanzenteile werden entfernt und vernichtet.
Pflanzen, die befallen werden:
Weintrauben, Erdbeeren, Himbeeren, Gurken, Zwiebeln und Salat.

## Johannisbeerrost, Säulenrost

Allgemeines:
Der Erreger des Johannisbeerrostes, auch Säulenrost genannt, ist ein wirtswechselnder Rostpilz (siehe unter Rost Seite 62).
Schadbild:
Der Pilz verursacht gelbe Flecken an den Blättern, an den Blattunterseiten bilden sich ockergelbe Pusteln. Es kommt zum frühen Blattfall.
Maßnahmen:
Man kann diese Krankheit verhindern, indem man Wermutpflanzen als Nachbarn setzt. Auch vier Tage alte und kalt angesetzte Wermutjauche, die man vor der Blütezeit spritzt, hilft.
Da dieser Pilz zwischen Weymouths-Kiefern (*Pinus strobus*) und Johannisbeeren wechselt, ist darauf zu achten, daß der Zwischenwirt, nämlich die Kiefer, nicht in der Nähe steht.
Als Pflegemaßnahme wird altes Fruchtholz ausgeschnitten, im Grünland legt man eine kleine Baumscheibe um den Strauch an.
Pflanzen, die befallen werden:
Johannisbeeren und Weymouths-Kiefern.

S. 55:
Pflanzenkrankheiten und Schädlinge: oben rechts Pelargonienrost, oben links Rost an einer Weide, unten Gespinst mit Spinnenmilben

## Kartoffelkäfer

Allgemeines:
Die Fraßschäden durch die rotgelben Kartoffelkäferlarven sind enorm hoch. Der Schädling tritt besonders auf, wenn die Kartoffeln noch nicht zugewachsen sind und der Boden sich stark durch die Sonne erwärmt.
Schadbild:
Fraßschäden am ganzen Laub.
Maßnahmen:
Mit einer Mischung aus Algenkalk und Gesteinsmehl wird mehrfach eingestäubt – auch die Blattunterseiten! Nach einem Regenguß ist die Behandlung zu wiederholen. Bei kleinen Flächen mulcht man anfangs dünn, um die

Kartoffelkäfer

54

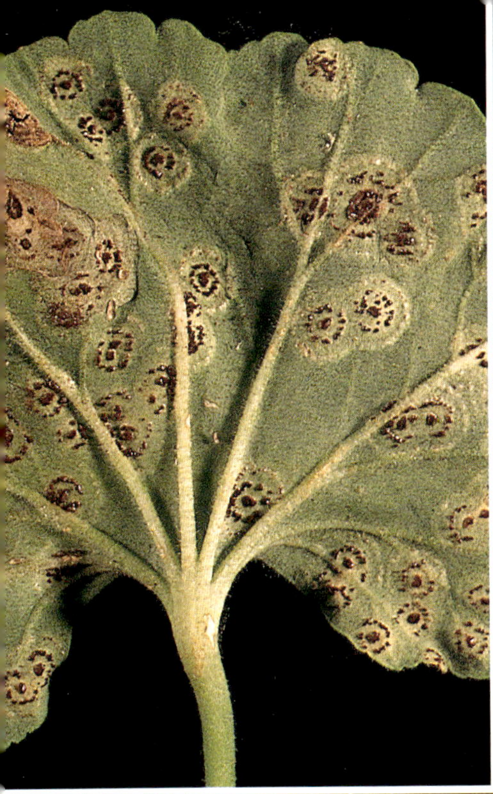

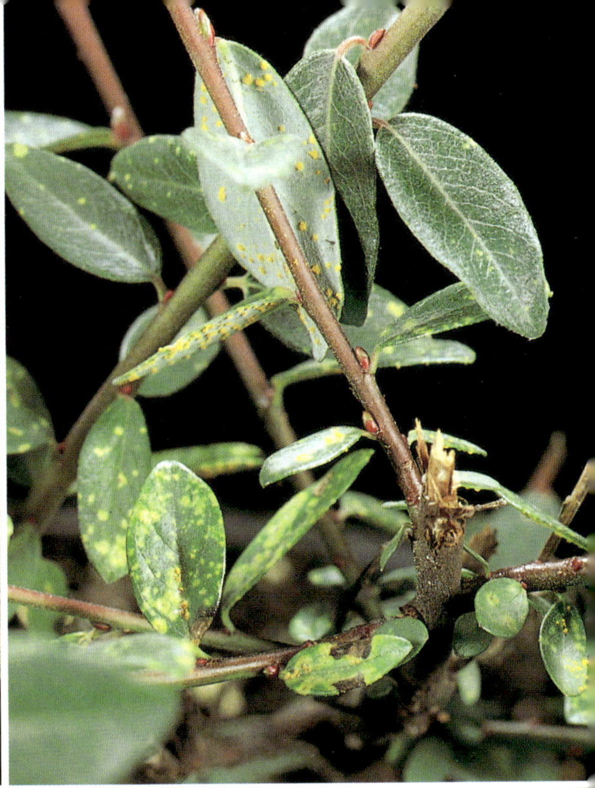

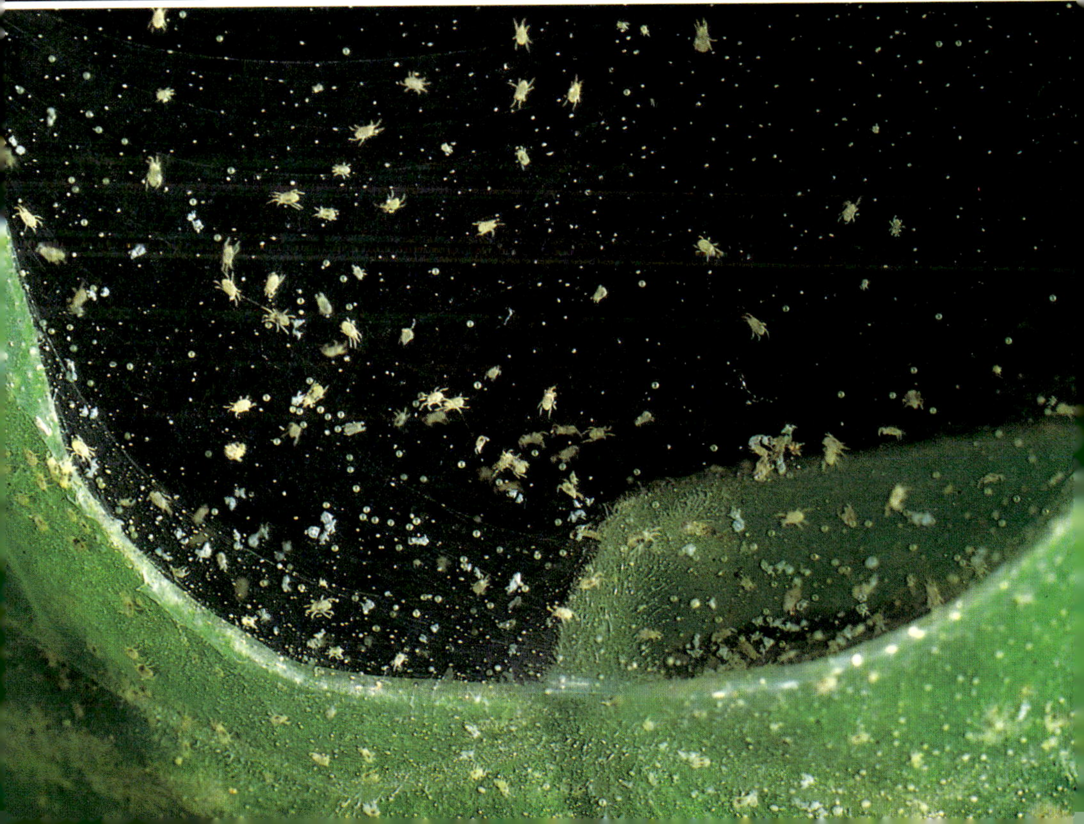

Bodentemperatur etwas niedriger zu halten.

Pflanzen, die befallen werden:
Kartoffeln

## Kohlfliege

Allgemeines:
Die Kohlfliege wird bis zu 5 mm lang. Sie legt die Eier am Wurzelhals der Pflanzen in den Boden. Die geschlüpften Larven fressen die Jungpflanzen stark an, diese wiederum sterben ab.
Schadbild:
Man sieht Fraß an Wurzeln und am Stengel.
Maßnahmen:
Holzasche, Algenkalk oder Steinmehl wird mehrfach dünn über die Beete mit Jungpflanzen gestreut. Altes Farnkraut vom Vorjahr oder auch junges legt man dünn aus. Kalt angesetzte Brennesseljauche kann man nach fünf bis sechs Tagen gießen.
Auch der Kohlkragen ist eine mögliche Bekämpfungsart.
Pflanzen, die befallen werden:
Alle Kohlarten, Rettiche und Tulpen.

## Kohlhernie
### (im Volksmund Kröpfe)

Allgemeines:
Kohlhernie wird durch einen Pilz hervorgerufen und ist eine typische Fruchtfolgekrankheit. Der Pilz befindet sich im Boden und dringt am Stengel in die Pflanze ein. Diese reagiert ihrerseits mit einer Wucherung am Wurzelansatz sowie am Stengel und danach an den Wurzeln selber.
Schadbild:
Es zeigen sich Knoten meist am Stengelansatz. Die Wucherungen sind im Innern ganz mit Verwachsungen ausge-

Kohlhernie

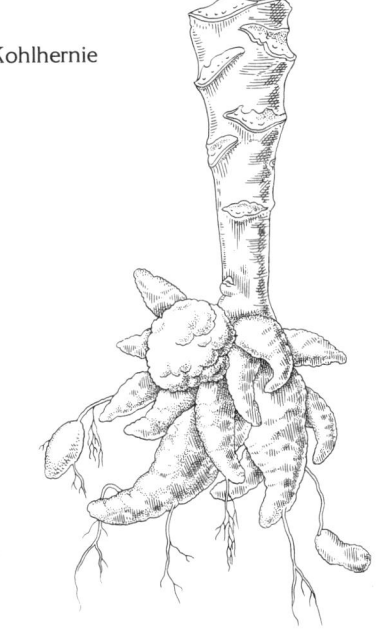

S. 56:
Pflanzenkrankheiten und Schädlinge: oben Blattläuse an einer Chrysanthemenblüte, unten Echter Mehltau an einer Begonie

füllt – im Gegensatz zum Schadbild des Kohlgallenrüßlers, wo sich im Innern die Larve befindet.

Maßnahmen:
Die Jungpflanzen dürfen auf keinen Fall tiefer in die Erde kommen, als sie im Saatbeet standen. Das gleiche gilt auch beim Pikieren. Erst im Juni kann man anhäufeln, dann ist die Gefahr vorbei. Mischkultur mit allen Salatarten, Tagetes und Ringelblumen ist günstig.

Kohl darf außerdem nie hintereinander auf dem gleichen Beet angebaut werden. Es kann nötig sein, auf dem Beet eine Anbaupause (von Kohlgewächsen) von bis zu sieben Jahren einzulegen – so lange dauert es, bis der Pilz „ausgehungert" ist. Im Herbst wird gekalkt mit 4 kg pro Ar (kohlensaurer Kalk oder Algenkalk).

Pflanzen, die befallen werden:
Kohl, Rettiche und Rüben.


## Kohlweißlingsraupen

Allgemeines:
Der Falter legt die Eier auf das Laub, die 45 mm langen, grünlichen Raupen fressen die Blätter bis auf die dicksten Blattrippen.

Schadbild:
Die Blätter sind angefressen bzw. befressen.

Maßnahmen:
Man stäubt mit Algenkalk oder Steinmehl. Rainfarntee-Spritzungen haben sich bewährt, außerdem Mischkultur mit Sellerie.

Großer Kohlweißling

Pflanzen, die befallen werden:
Alle Kohlarten, am anfälligsten ist Weißkohl.


## Kräuselkrankheit an Pfirsichen

Allgemeines:
Die Kräuselkrankheit wird durch einen Pilz hervorgerufen. Dieser überwintert auf dem Baum und befällt bei feuchtem Wetter im Frühjahr schlecht ausgereiftes Holz. Von hier aus breitet sich der Pilz aus.

Schadbild:
Die Blattflächen kräuseln sich, an Jungtrieben entsteht Drehwuchs.

Maßnahmen:
Ein kräftiger Schnitt bringt Abhilfe. Alles schwache Holz wird abgeschnitten. Achtung: Pfirsiche tragen am besten an ein- und zweijährigem Holz! Ackerschachtelhalm- und Brenneseljauche kann gegossen oder gespritzt werden.

Pflanzen, die befallen werden:
Pfirsichbäume

## Kraut- und Knollenfäule

Allgemeines
Die Kraut- und Knollenfäule wird durch einen Pilz hervorgerufen. Dieser Pilz überträgt sich durch Saat- und Pflanzgut, durch Regen kann er auch in den Boden gebracht werden. Dort überdauert er und infiziert durch aufspritzendes Regenwasser im folgenden Jahr die neuen Pflanzen.
Schadbild:
Blätter und Früchte bzw. Knollen zeigen erst braune Flecken, dann stirbt das Kraut ab und schließlich die Früchte. Die Knollen zeigen nach den braunen Flecken Fäulnis.
Maßnahmen:
Es darf nicht zu eng gepflanzt werden, damit die Pflanzen auch abtrocknen können. Heiß angesetzte Zwiebelschalenbrühe wird nach fünf Tagen gespritzt. Als vorbeugende Maßnahme muß unbedingt eine gute Fruchtfolge beachtet werden!
Pflanzen, die befallen werden.
Kartoffeln, Tomaten und Paprika.

## Lauchmotte

Allgemeines:
Die Lauchmotte kann nur an Lauch (Porree) und Zwiebeln leben. Die etwa 12 mm große Raupe, die meist gelblich ist, richtet erst im Sommer große Schäden an.
Schadbild:
Die Blätter sind angefressen. Fraßgän-

ge (Minierfraß) zeigen sich bis zu den Herzblättern.
Maßnahmen:
Mischkultur mit Möhren oder Sellerie hat sich bewährt. Die Beetwege müssen mit frischem Gras gemulcht werden. Der Boden darf nie zu sehr austrocknen, was durch Mulchen erreicht wird. Außerdem sollte man den Lauch öfter kontrollieren und gefundene Raupen mit den Fingern zerdrücken.
Pflanzen, die befallen werden:
Lauch und Zwiebeln.

## Maulwurfsgrille, Werre

Allgemeines:
Dieses bis 50 mm große, braune, grillenartige Tier tritt vor allen Dingen im Frühjahr und Frühsommer im Freiland und auch im Gewächshaus auf. Es ist meist abends und nachts aktiv und wandert in dieser Zeit auch Strecken von 50 bis 100 m.
Schadbild:
Im Frühjahr und Frühsommer sind frisch gepflanzte Setzlinge, oft auch ausgelegte Samen oder Sämlinge gefressen.
Maßnahmen:
Der Schädling hält sich am liebsten dort auf, wo halbfertiger Kompost und frischer Stallmist eingegraben wurden. Daher ist es wichtig, daß man nur reifen Kompost und kompostierten Stallmist verwendet.
Die Gänge dieser Schädlinge sind meist flach, zum Nest (bis ca. 40 cm tief) führt

ein fast senkrechter Gang. Diesen muß man suchen. Hat man ihn gefunden, leert man eine Kanne heißes Wasser hinein.

<u>Pflanzen, die befallen werden:</u>
Alle Jungpflanzen und Sämlinge, der Schädling frißt aber auch Insekten (Larven, Puppen) und Würmer.

## Möhrenfliege

<u>Allgemeines:</u>
Bei dem Schädling handelt es sich um ein 4–5 mm langes, schwarzes Insekt mit rotgelbem Kopf. Die Fliege legt ihre Eier oberflächlich in den Boden. Daraus schlüpfen die Maden.

<u>Schadbild:</u>
Die Maden fressen sich in die Rübe hinein, und das Kraut wird braun und vertrocknet langsam.

<u>Maßnahmen:</u>
Eine Mischkultur mit Zwiebeln oder Knoblauch auf einem Beet oder im Beet nebenan hat sich bewährt. Keine große Monokultur anlegen! Man spritzt mit fünf Tage alter Zwiebelschalenbrühe und mulcht die Beetwege. In windigen Lagen kommt die Möhrenfliege nicht vor.
Man darf nur reifen Kompost verwenden. Ich dünge Möhren nur mit Holzasche vor der Saat.
Wenn man spät – erst im Juni – sät, ist die Hauptflugzeit der Möhrenfliege vorbei.

<u>Pflanzen, die befallen werden:</u>
Möhren und Petersilie (wird gelblich).

Schaden durch die Möhrenfliege

## Monilia, Spitzendürre

Allgemeines:
Monilia wird durch einen Pilz hervorgerufen, der auf vertrockneten Früchten (Mumien) und auf den Zweigen überwintert.
Schadbild:
Zweige und Früchte welken und trocknen ein. Die Früchte bleiben hängen und fallen nicht ab.
Maßnahmen:
Auf der Baumscheibe sät man Kapuzinerkresse an. Im Frühjahr wird mit den getrockneten Meerrettichblättern vom Vorjahr Jauche heiß angesetzt. Mit der vier Tage alten Jauche spritzt man noch im laublosen Zustand zum ersten Mal. Weitere Spritzungen finden während der Blüte statt. Wenn der Meerrettich Blätter treibt, verwendet man nur noch die frischen zur Jauche-Herstellung.
Trockene Zweige müssen bis ins gesunde Holz zurückgeschnitten werden, das ist zwar radikal, doch der Baum erholt sich wieder schnell.
Pflanzen, die befallen werden:
Obstarten, besonders Sauerkirschen.

## Moos im Rasen

Allgemeines:
Moos bildet sich hauptsächlich in Schattenlagen. Ideale Wachstumsbedingungen findet das Moos auch auf sauren und verdichteten Böden.
Schadbild:
Moos im Rasen.

Maßnahmen:
Auf 100 m$^2$ wird 3 kg Thomasphosphat am besten schon im Herbst oder Winter ausgestreut, es geht aber auch im Sommer. Thomasphosphat wirkt erst richtig nach sechs Wochen.
Man darf auf gar keinen Fall mehr als 5 kg pro Ar geben, sonst kommt der Weißklee, und den wird man kaum wieder los. Durch diese Behandlung bekommt der Rasen eine schöne, dunkelgrüne Farbe.

## Mosaikvirus

Allgemeines:
Dieser Virus kann nicht bekämpft werden, man kann nur vorbeugen!
Schadbild:
Der Mosaikvirus verursacht Zwergwuchs und Besenwuchs.
Maßnahmen:
Man kann nur vorbeugende Maßnahmen treffen. Schnittwerkzeuge werden mit heißem Seifenwasser nach Gebrauch gespült, um den Virus nicht zu übertragen.
Man spritzt Wermut- oder Rainfarntee, die jeweils einen Tag alt sind. Die Blätter der Pflanzen dürfen nicht mit Kanne oder Schlauch übergossen werden, besser ist es, den Boden mit Mulch gleichmäßig feucht zu halten. Die Mischkultur mit Sellerie kann besonders empfohlen werden!
Pflanzen, die befallen werden:
Gurken

## Pflaumenwickler

Der Pflaumenwickler verursacht dasselbe Schadbild wie der Apfelwickler (siehe Seite 47). Der dunkle Falter legt die Eier auf die Früchte. Die Larven fressen sich zum Stein durch, die Früchte fallen ab. Die Raupen überwintern an der Rinde und verpuppen sich im Frühjahr.
Auch für die Bekämpfung gilt das gleiche wie für den Apfelwickler. Befallen werden Zwetschen- und Pflaumenbäume.

## Rost

Allgemeines:
Rost (siehe Seite 55 oben links) wird an den jeweiligen Kulturpflanzen durch verschiedene Pilze hervorgerufen. Einige sind wirtswechselnd, d.h., daß sie zwei verschiedene Pflanzen brauchen, um ihren Entwicklungszyklus durchmachen zu können. Z.B. braucht der Birnengitterrost, der am Birnbaum auftritt, als Zwischenwirt den Gemeinen Wacholder (*Juniperus communis*). Gibt es keinen Wacholder in der Nähe, kann kein Birnengitterrost am Birnbaum entstehen.
Schadbild:
Es zeigen sich gelbe bis rostbraune, warzenähnliche Gebilde auf den Blättern. Die Blätter fallen später ab.
Maßnahmen:
Vier Tage alte Jauche aus heiß angesetzten Meerrettichblättern und Ackerschachtelhalmtee helfen. Außerdem darf nicht zu eng gepflanzt und gesät werden.
Rostarten, die Zwischenwirte benötigen, lassen sich dadurch wirkungsvoll bekämpfen, daß man die Zwischenwirte nicht in der Umgebung pflanzt bzw. stehenläßt.
Pflanzen, die befallen werden:
Rosen und Sellerie sind sehr anfällig. Auch Bohnen, Birnen, Johannisbeeren u.a. werden befallen. Bei den Balkonpflanzen sind z.B. Pelargonien und Fuchsien zu nennen.

## Schildläuse

Allgemeines:
Schildläuse treten sehr oft an allen möglichen Zierpflanzen, aber auch an Hausreben auf.
Schadbild:
Auf der Rinde zeigen sich schildartige Gebilde von 2–4 mm Durchmesser. Die Rinde wird angestochen und der Pflanzensaft ausgesogen, dadurch entstehen schwaches Wachstum und Verkrüppelungen.
Maßnahmen:
Man spritzt Seifenlauge (3%ig) mit einem Schuß Spiritus als Lösungsmittel zwei- oder dreimal. Einen Tag später bürstet man die Schildläuse ab und spritzt dann noch einmal mit der gleichen Lösung.
Pflanzen, die befallen werden:
Reben, Obst, Avocado, Lorbeer und viele Grünpflanzen im Zimmer.

## Schnecken

Allgemeines:
Schnecken treten nach mildem Winter und feuchtem Frühjahr immer verstärkt auf, besonders auf feuchtem Gelände. Beliebter Aufenthaltsort sind tagsüber Meerrettich und Große Klette (*Arctium lappa*).
Schadbild:
Lochfraß bis Kahlfraß, Schleimspuren auf dem Boden.
Maßnahmen:
Es gibt mittlerweile jede Menge Tips gegen Schnecken. Ich habe mit folgendem Rezept beste Erfahrungen gemacht. Schon im Januar und Februar wird im Garten massiv mit Steinmehl aus einem Basalt-Steinbruch überstreut. Man nimmt 10 bis 20 kg pro Ar. Die Schnecken vertragen das im Steinmehl enthaltene Mangan und Magnesium nicht, wandern aus und bleiben so eine »gesunde« (nicht vergiftete) Nahrung für Igel und Vögel.
Bruchsteine können in einer sonnigen Ecke zusammengesetzt werden. Dort siedeln sich unter Umständen Eidechsen an, die fressen im Frühjahr gerne die Schneckeneier.
Pflanzen, die befallen werden:
Alle noch zarten Jungpflanzen, Salat und Kohl, auch Zierpflanzen.

## Schwarzbeinigkeit

Allgemeines:
Die Schwarzbeinigkeit wird durch Pilze hervorgerufen. Sie befallen ganz junge Sämlinge, wenn das Saatbeet zu feucht gehalten worden und Staunässe entstanden ist.
Schadbild:
Der zarte Stengel des Keimlings färbt sich dunkel, der Keimling fällt um und verfault.
Maßnahmen:
Die Krankheit tritt im Saatbeet auf, wenn z.B. zu frischer Kompost verwendet wurde. Daher darf man nur reifen Kompost nehmen. Zur Saaterde gibt man auf einen Schubkarren Kompost zwei Schaufeln Sand und eine Schaufel Steinmehl (ein Schubkarren faßt ca. 80 l, eine volle Schaufel 5 bis 6 l). Mit dem Sand erreicht man gute Durchlässigkeit, so daß keine Staunässe entstehen kann.
Pflanzen, die befallen werden:
Kohlarten, Gurken, Salat, Tomaten und Zierpflanzen.

## (Amerikanischer) Stachelbeer-Mehltau

Allgemeines:
Der (Amerikanische) Stachelbeer-Mehltau wird durch einen Echten-Mehltau-Pilz hervorgerufen.
Schadbild:
Blätter und unreife Früchte werden von einem weißen, spinnwebartigen Pilzrasen überzogen. Es kommt zum vorzeitigen Blattfall; unansehnliche, braunfilzig überzogene und nicht genießbare Früchte entstehen.

63

Amerikanischer Stachelbeermehltau

<u>Maßnahmen:</u>
Alles alte Holz und auch die befallenen
braunen Triebspitzen, an denen der Pilz
überwintert, werden entfernt, in einem
Karton gesammelt und verbrannt. Vorbeugend spritzt man vor der Stachel-
beerblüte mit Zwiebelschalenbrühe einmal, nach der Blüte noch zweimal bzw.
bei trockenem Wetter nur einmal.
Neue Stachelbeersorten sind (weitge-
hend) resistent gegen den Stachelbeer-
Mehltau, Hochstämmchen werden weniger befallen.
<u>Pflanzen, die befallen werden:</u>
Stachelbeeren, rote Sorten sind anfälli-
ger als gelbe und grüne.

## Sternrußtau

<u>Allgemeines:</u>
Diese Krankheit tritt oft bei Überdüngung mit Stickstoff und bei feuchtem
Standort auf.
<u>Schadbild:</u>
Zuerst erscheinen dunkle Flecken
(sternförmig, bis mehrere cm groß) auf
den Blättern, später kommt es zu Blattfall.
<u>Maßnahmen:</u>
Holzasche wird wegen des hohen Ka-
liumanteils über die Blätter gestreut,
das festigt das Gewebe. Nach einem
Regenguß muß man die Behandlung

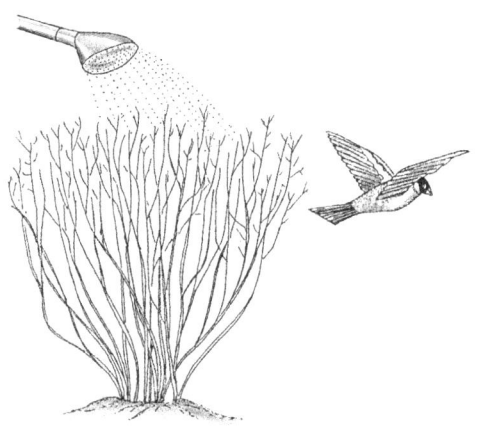

wiederholen. Man kann auch mit Ackerschachtelhalmtee oder -jauche spritzen.
Rosen müssen möglichst oft abtrocknen können. Sie dürfen nicht im Schatten stehen, an einem sonnigen Standort
gibt es keinen Sternrußtau. Man kann
befallene Blätter entfernen.
Pflanzen, die befallen werden:
Rosen – besonders anfällig sind zu
schattig stehende.

## Thrips (Blasenfuß)

Allgemeines:
Diese Schädlinge treten meist dann auf,
wenn unregelmäßig gegossen wurde.
Schadbild:
Thripse erkennt man durch helle Flek-
ken an den Blättern. Der Schädling ist
1 bis 2 mm lang und hellbraun bis
schwarz.
Maßnahmen:
In der Wohnung und im Gewächshaus
muß man regelmäßig gießen und außerdem gut lüften, damit das Blattwerk
einmal voll abtrocknet. Dann spritzt
man mit Brennessel- oder Ackerschachtelhalmtee.
Pflanzen, die befallen werden:
Gladiolen, Fuchsien, Gurken, Lauch,
Zwiebeln und Zimmerpflanzen.

## Fraßschäden durch Vögel

Allgemeines/Schadbild:
Der Dompfaff frißt im zeitigen Frühling
gerne die Knospen von Johannisbee-

Salzwasser gegen Dompfaff-Fraß

ren. Der Sperling macht ihm das nach.
Maßnahmen:
60 g Kochsalz löst man in 10 l Wasser
auf und übergießt damit die noch laublosen Sträucher. Nach meiner Erfahrung haben 40 g pro 10 l keine Wirkung,
und ab 80 g gibt es Verbrennungen.

## Weiße Fliege

Allgemeines:
Bei dem Schädling handelt es sich um
ein 1 bis 2 mm großes, weißes Insekt,
das auffliegt, wenn man an den Blättern
schüttelt. Die Mottenschildlaus, wie die
Weiße Fliege exakt heißt, tritt im Gewächshaus und auch im Zimmer vor allen Dingen bei Trockenheit auf. Seit eini-
gen Jahren ist sie auch auf dem Balkon
und im Freiland zu beobachten.

Schadbild:
Man sieht helle Flecken auf den Blättern, außerdem erkennt man die Fliege. Rußtau (als schwarzer Blattbelag sichtbar) deutet oftmals auf Befall mit der Weißen Fliege hin.

Maßnahmen:
Die Pflanzen werden im Freien mehrfach mit kaltem Wasser überbraust. Im Gewächshaus kann man Gelbfallen aufhängen; in Blumentöpfe Gelbsticker stellen.

Pflanzen, die befallen werden:
Gurken, Kohlarten, Tomaten im jüngeren Wachstumsstadium und alle Zimmer- und Balkonpflanzen, wenn sie trocken stehen.

## Wühlmäuse und Feldmäuse

Allgemeines:
Mäuse legen ihr mit Gras gepolstertes Nest in 30 bis 50 cm Tiefe im Boden an. Wühl- und Feldmäuse bilden flache Hügel mit dem Aushub, der Maulwurf dagegen wirft hohe Haufen auf (Unterscheidungsmerkmal).

Schadbild:
An Obstbäumen sind Wurzeln an- bzw. abgefressen. Im Frühjahr verschwinden Salatpflanzen samt Wurzeln, im Herbst zeigt sich Fraß an Endivien und Schwarzwurzeln.

Maßnahmen:
Mäusefeinde sind Katzen und Raubvögel (Habicht, Bussard)! Mäuse können vertrieben werden, indem man zerklopften Knoblauch in die Gänge legt. Das muß man aber wiederholen, so lange, bis die Gänge zerfallen, sonst finden sich wieder neue Hausbesetzer ein.
Bei jungen Obstbäumen mulcht man nicht bis zum Stamm, sondern nur unter der Traufe des Baumes.
Außerdem können natürlich Fallen aufgestellt werden. Mausefallen stellt man in den geöffneten Gang nach beiden Seiten.

Pflanzen, die befallen werden:
Obstbäume, Salat und Schwarzwurzeln.

Wühlmaus

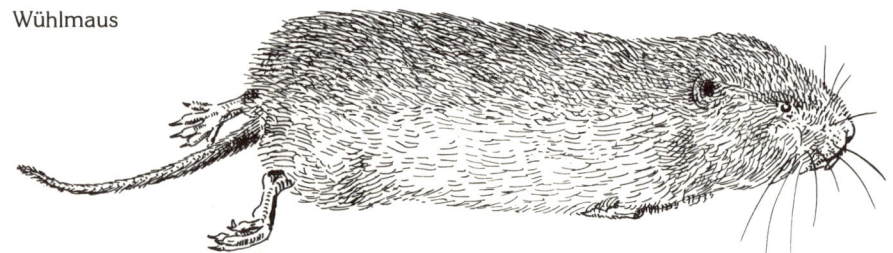

## Zwiebelfliege

<u>Allgemeines:</u>
Die Maden der Zwiebelfliege fressen sich in das Laub und die Zwiebel ein, die dann zu faulen beginnt.
<u>Schadbild:</u>
Die Röhrenblätter und die Zwiebel sind angefressen.
<u>Maßnahmen:</u>
Mischkultur mit Karotten hat sich bewährt. Eintägige kalte Ansätze aus Farn, Wermut oder Rainfarn helfen, auch Steinmehl kann mehrfach gestreut oder gestäubt werden. Auf keinen Fall darf man frischen Mist, Tierjauche oder Kompost verwenden. Auch sollten die gefährdeten Pflanzen nicht auf frisch gedüngtem Boden stehen.
<u>Pflanzen, die befallen werden:</u>
Zwiebeln, Lauch, Schnittlauch und Knoblauch.

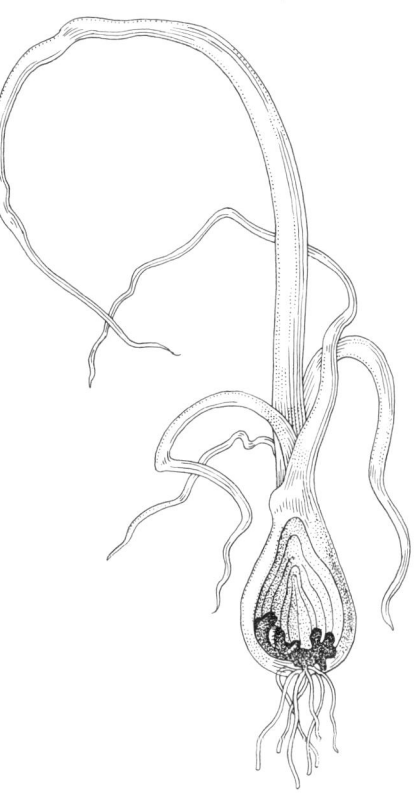

Schaden durch die Zwiebelfliege

67

# Register